如何撰写
商业计划书

［第七版］

［英］布赖恩·芬奇（Brian Finch） 著
孙峰 译

HOW TO
WRITE A BUSINESS PLAN

Win backing and support for your ideas and ventures

中信出版集团｜北京

图书在版编目（CIP）数据

如何撰写商业计划书：第七版/（英）布赖恩·芬奇著；孙峰译. -- 北京：中信出版社，2023.12
（创造成功经典系列）
书名原文：How to Write a Business Plan（Seventh edition）
ISBN 978-7-5217-6130-6

Ⅰ.①如… Ⅱ.①布… ②孙… Ⅲ.①商业计划-文书-写作 Ⅳ.① F712.1

中国国家版本馆 CIP 数据核字 (2023) 第 213344 号

How to Write a Business Plan by Brian Finch
Copyright © Brian Finch, 2001, 2006, 2010, 2013, 2016, 2019, 2022
'This Translations of How to Write a Business Plan is published by arrangement with Kogan Page.'
Simplified Chinese translation copyright ©2023 by CITIC Press Corporation
ALL RIGHTS RESERVED
本书仅限中国大陆地区发行销售

如何撰写商业计划书［第七版］

著　者：　　［英］布赖恩·芬奇
译　者：　　孙　峰
出版发行：　中信出版集团股份有限公司
　　　　　　（北京市朝阳区东三环北路 27 号嘉铭中心　邮编　100020）
承印者：　　北京通州皇家印刷厂

开本：880mm×1230mm　1/32　　印张：8.5　　字数：100 千字
版次：2023 年 12 月第 1 版　　　　印次：2023 年 12 月第 1 次印刷
京权图字：01-2023-5339　　　　　书号：ISBN 978–7–5217–6130–6
　　　　　　　　　　　　　　　　定价：48.00 元

版权所有·侵权必究
如有印刷、装订问题，本公司负责调换。
服务热线：400-600-8099
投稿邮箱：author@citicpub.com

前　言

本书优势

本书可以帮你讲好故事，让别人愿意与你携手合作，从而实现你的愿景，而网上下载的模板是不行的。虽然网上的很多模板看上去不错，也囊括了大多数商业计划书所需要的内容，但是它们只是像机器人一样机械地留出空白，让你补充信息，这会妨碍你讲好故事。这两者一个像是照着数字机械涂色，一个属于自由创作，有着天壤之别。

本书将全程指导你完成自己的商业计划书。虽然一份完善的商业计划书还需要会计、营销专家等各方面的专业支持，但你需要亲自撰写商业计划书的主要部分。原因有二：

- 你得亲自讲解你的商业计划书,如果你在准备阶段没能亲力亲为,那么这将难以实现。
- 撰写商业计划书有助于你完善自己的商业计划。

等你坐在商业伙伴或者潜在投资人的对面时,才发现自己对商业计划书的内容不熟悉或者才意识到其中有逻辑漏洞,那就为时已晚了。

经常有人找我帮忙写商业计划书。这些人可能对自己的写作能力缺乏信心,找人帮忙无可厚非。但计划的提出者必须推销自己的计划并执行计划,因而需要对商业计划书的完成做出显著贡献。

> 几年前,我遇到一个错把顾问当合作伙伴的创业者。让我震惊的是,那位创业者在谈论他的商业计划时,只能说出大概想法。每当我问及细节的时候,他都明显毫无想法。这倒没什么:有些人善于提出宏大的愿景而不是雕琢细节,但他们依然可以成就大事。那位创业者需要的是一个可以帮他完善细节的忠实伙伴,而不是一位按天收咨询费的专业顾问。细节很重要,只有愿景远远不够。一个不能落地执行的想法只是空谈。

我有何资历为你提供咨询？我曾撰写商业计划书向银行、风投人、私人投资者筹款，曾任公司主管，也曾处在你的位置。但更重要的是，我曾做过风投人，评估过类似于你手头这份商业计划书的文件并决定是否投资。

25年前我就开始撰写此类书籍，因为我看过太多需要修改的商业计划书：有的不可能筹到钱，有的则算不上商业计划书。

在阅读本书的过程中，你会发现需要考虑的方面有很多，而且事情并没有你想的那么简单。可能有人告诉你，商业计划可以用三句话概括，或者商业计划要让六岁的孩子也能听懂——这种想法不错，但事实并非如此。

在你还不知道怎么赚钱的时候，你是否听过那种关于线上新商机的一页纸提案？有人靠它发家致富，也有人因它一贫如洗。

送给你三句话：

- 你或许觉得它好，但我是不会指望它的。
- 一页纸提案往往都是对一份100页商业计划书的概括。
- 一页纸提案的主要作用是激发人们的兴趣，要想让它落地，还需要一份像样的商业计划书。

本书将带你梳理典型商业计划书的所有要素，并以它们出现的顺序展开阐述。本书给出了一些简短的案例，你也可以搜索

www.koganpage.com/businessplan 找到更多案例。不过，切记这些案例只能作为参考，你不要把它们当作模板，完全照搬。你的业务、你所处的环境和你的需求可能和我提供的"标准模板"大相径庭。但没关系，调整你要采用的方法，换种方式开始准备你的计划。

商业计划书的目标和读者

在开始撰写商业计划书之前，确定你的读者以及你所期待的回应。

> **练 习**
>
> - 明确写下你的目标。
> - 描述你的商业计划书的读者，列出商业计划书需要包含的问题。在撰写商业计划书时，你可以把它当作一个检查清单。
> - 写下可能收到的回应，想想哪个是你想要的。
> - 把一张纸分成两栏，一侧写上读者同意你的计划的原因，另一侧写上读者不同意你的计划的原因。

你是否想让读者：

- 投资你的新想法或现有的商业项目。
- 收购你的业务。
- 与你合资经营。
- 接受投标并签署合同。
- 提供授权或监管许可。
- 说服董事会改变业务方向。

你如果想寻求投资，就要把重点放在你能以低风险换取的高回报上。然而，你如果要申请母公司的许可，就要把注意力放在策略问题上，并且关注你所需要的其他许可和投入。

你如果想筹集资金，就要说明自己的管理优势；你如果希望出售商业项目，然后退居二线，就要对自己轻描淡写。比如，当你想吸引收购者时，你就要强调：

- 管理团队的优势。
- 项目的盈利情况。
- 项目未来发展的良好前景。
- 项目与潜在买家业务的契合度。

你如果想获得监管机构的批准，就要进行额外的研究——监管机构可能会提供投资指南，描述其投资目标和要求。请获取一份指南副本，看看你是否符合要求，照着你的商业计划书勾画出那些必须满足的要点。监管机构既要确定你的项目可行，也会关注你的项目能否创造就业岗位，能否在当地产生社会效益。它们可能还想确定你能不能通过常规方式获得资金。

又或许，你撰写商业计划书是为了更好地运营项目。那样的话，你的商业计划书是否服务于特定的目的：聚焦你的想法？借鉴他人的想法？确保整个团队目标一致？还是就这个计划和团队进行沟通？你需要更多地关注非财务目标，比如管理问题、人事发展等。你需要确定项目的整体目标，并详述各个部门如何努力以达成这些较大的目标。

在撰写商业计划书时，你也应该在心中牢记你所期待的回应，因为它将影响你所写的内容。如果你想得到团队的回应，写作内容就不能仅限于对计划的沟通。你如果希望潜在的合作伙伴与你签约，就要强调他们能得到的好处，同时提出交易要求，并在后续的内容中给出详细信息。

一旦确定了读者，你在写商业计划书时就要把他们放在心中，使用适合他们的措辞。

我读到过一份提案，它由在一家研究机构工作的专业学者撰写。那份提案最大的问题是，使用的是我看不懂的术语——我现在也没明白他们是干什么的。尽管他们的想法相当好，但他们显然不会和现实世界沟通。

（企业投资人）

这是一个极端的例子，但给人的警示非常重要。投资人喜欢那些言简意赅且能把术语解释清楚的文件；潜在的技术伙伴需要关注技术细节；政府部门则更需要了解非财务性的社会效益。面对的情况不同，写作的角度也会有所差别。

别想着用内容相同的商业计划书向完全不同的读者传递不同的信息。你要做些微小的修改，确保商业计划书完美契合不同的读者。然而，也不要为不同的读者撰写完全不同的商业计划书。首先，这会带来庞大的工作量；其次，这些读者可能会碰面，并且比较不同版本是否存在不一致之处。

第一印象

你只有一次机会制造良好的第一印象。请抓住这个机会，呈现一份这样的文件：

- 有说服力。
- 美观。
- 没有拼写错误、语法错误或者数据问题。
- 涵盖关键内容。

- 包含必要的支撑信息。

这倒不是说如果第一次被拒,你就应该偃旗息鼓,不再尝试。但下次尝试的难度肯定会增加。

想象一下,有人带着一份商业计划书来见你。他们激情澎湃地走进你的办公室,简洁流畅地向你呈现出一个极具说服力且内容详尽、案例充分的计划。你肯定对他们和计划都感觉良好。

现在想象一下相反的情况。走进你办公室的这些人邋里邋遢,做着冗长无趣的演示,说话结结巴巴、吞吞吐吐,时不时还说错,且在重要的问题上说不出个所以然来。即便他们把商业计划书打磨一番后再次拜访,你也可能因为对他们第一次的糟糕表现耿耿于怀,而不愿再看到他们。

当你展示你的计划时,你所面对的人就如现在的你——他们也偏向那些留下良好的第一印象的人。研究发现,人们在初次见面的 15 秒内就会形成彼此的第一印象。在这种情况下,表面印象是非常重要的。手握一份完善的商业计划书固然重要,但一定要先留下良好的印象,这样你才能有机会展示你的商业计划书有多棒。

这就是内容概要重要的原因。这点将会在后文中详述,它是决定商业计划书成败的关键。

你在讲故事

你已经吸引了读者的注意力,现在必须保持住。你还要激发他们对你的项目的热情,让他们支持你。你的个人故事、你的商业项目以及你为之提出的计划都可以成为引人入胜的故事,就那么讲出来吧。这是一个由好的商业想法构建的精彩故事,也是一个努力造就成功的故事。它既有开头,也有发展和结尾。

- 故事开头设定商业计划书的背景,即讲述商业项目的背景及其发展的过程,勾勒业务、管理和市场等。
- 故事中间的发展部分解释这个商业想法的特别之处并对计划做出阐释。
- 故事结尾提出执行计划所需要的东西,指出存在的风险及相应的应对方式,并重点强调回报。

一个好故事能够抓住读者的注意力,激发他们的兴趣和想象。故事通常行云流水,商业计划书也应如此。

如果商业计划书读起来像一个杂乱无章的故事,前言不搭后语,它就会失去读者。我们还可以继续类比下去。你不要尝试写一部伟大的文学作品,这类作品往往少有人读,能读完的人更是少之又少;你要写一篇大众小说,还不能太长。商业计划书并没有理想的篇幅，长短由你的商业项目决定。小型商业项目也可能相对复杂，需要用大量文字解释，而大型商业项目却可能相对简单。你只需要尽量做到言简意赅。试试下面这个办法：找个你了解而且对你坦诚的人读一读你的商业计划书，理想情况下，他们应该对你的商业计划或市场一无所知。在读过你的商业计划书后，他们是否理解了其中的关键问题，并对你的计划感到兴奋？

和写书一样，情节、描述性的部分（背景和场景设定）以及人物非常重要。计划和背景是关键部分，但将计划付诸实施的人同样重要。有的人搞错了重点，没完没了地写市场、自己和业务的发展历史。记得让你的故事保持平衡，别让读者感到无聊。

使用行为动词

你要写的是一个探险故事，而不是一份旅行日志，请尽量使用行为动词。你需要描述采取的行动和行动时间，而不是描绘风景。请使用主动语态，避免被动语态。

例如，使用"我们计划三年内在 5 个国家拓展 20 家分销商"，而不是"公司计划三年内在 5 个国家拥有 20 家分销商"。请始终关注谁（例如你）将做什么、什么时候做以及怎么做。

时不时地进行描写是有必要的，但请记住，简洁的话语和行动会使商业计划书更有力量，并且更具说服力。

总　结

- 文字精简，切中要点，避免重复。
- 关注最重要的内容。
- 使用行为动词，它们更具力量和说服力，能传递目标感和信心。
- 别让读者感到无聊。

展　示

线上展示怎么样？我找不到反对的理由。此处的所有建议对线上展示仍然适用，只不过你要更加注重简洁。如果投资人对读一份 20 页的纸质文件犯怵，那么电子版文件的限制就是 10 页以内，而且需要图表的辅助。

展示不是全部，但十分重要。虽然投资人不一定会投资一份美观的文件，但他们更不可能支持一份东拼西凑、粗制滥造的文件。因为这说明这份计划书并未经过周全的考虑，最终它会被扔到垃圾桶。

关于众筹的研究发现，一份有拼写错误的商业计划书遭拒的概率要高出 13%。

为了让你的商业计划书获取最佳机会，再往前走一步，既然已经付出了时间、金钱、希望和情感，你就再稍微努努力：

- 把商业计划书打印出来，不要提交手写的商业计划书。
- 使用优质纸张。
- 附上封皮，写上题目。
- 添加页码；如果商业计划书的长度超过三页，就插入一个目录页，并确保其对应正确的页码。
- 不要让文字超出页面顶部，也不要频繁更换字体和颜色，这只会弄巧成拙。
- 对文件进行排版，让它看起来清晰明了，同时加上标题，把细节内容放到附录中，使用清晰的字体样式，而不是那种看着费劲的字体，加宽段落间距。
- 如果你能附上重要产品、场地或工艺的相关图表或者照片，商业计划书的主题就会跃然纸上，变得生动起来。
- 如果你有网站，请附上网站截屏。
- 检查拼写错误和语法错误。
- 检查数字错误。
- 确保所有的引用页码正确无误。
- 给文件标上日期，避免和早前版本或稍后的版本搞混。
- 装订商业计划书，这个小举动能带来大的效果。

有人会为了检索方便给每个段落标上序号，有人可能会设置分级标题，例如：

主标题
副标题
小标题

这样做的目的是让你所展示的内容清晰明了。同时，不要把精力都放在制作美观的文件上，而忽略了文件中的逻辑漏洞和站不住脚的内容。

事实和依据

人们在读商业计划书时，会搜寻那些能够让他们信服所读内容的依据。因此，你要尽可能地提供经得起推敲的事实。这些事实应该由数据支撑，与背景相关且能够支撑计划书后续涉及的推测。你说的每句话都要有据可循。

> 初创公司获得投资总是不容易，一个主要原因就是支持其主张的证据有限。
> 曾有一个团队找我融资，说他们看到一个巨大商机，即在英国拓展业务，开许多分店。他们中有人已经开了三家连锁店。但令人惊讶的是，他们并未在文件中提供任何证据来支持他们所预估的分店数量，他们既没有提供现有业务的数

据，也没有对其他类似企业进行调研，以支持他们的销售假设。我只能靠他们不停重复的空口说辞做出判断……但我觉得这并不足以说服我给他们投资。

（风投人）

这是创业者所面临的实实在在的问题。获得可靠的数据的确不容易。我有一个客户在全球范围内进行制糖设备贸易。当想创立一家新公司时，他发现难以提供数据来支持他在市场规模、业务增长、竞争者定价策略方面的主张。他拥有多年经验，清楚自己说的都是事实，但就是无法从相关的国际机构获得市场数据，而当地机构并不记录或者发布这类数据。此外，他还发现自己难以预测在第一年的贸易中何时可以达成销售目标，以及销售对象来自何处。一个解决方案就是询问客户。

我说过这不容易，但从金融家、银行家或者投资人的角度来看，如果你不能让他们信服你的计划，那么他们就不会投资。仅仅把你相信的事情告诉他们，并不会让他们信服，因为他们需要证据。有一句宣传方面的名言：谎言被不断重复之后，也会被当成真理。但这句话在商业计划书中行不通，在你想要向银行家和投资人融资时也行不通。持续的重复只会让读者关注这个问题，如果他们不相信你的观点，重复就只会加重他们的怀疑。请提供依据来支持你的主张，不要只是重复喊口号。

有人在面对投资人时，表现得支支吾吾。千万不要这样！很多报告都连篇累牍地讲市场、谈机会、论述项目历史等，但却没有提供任何证据。商业计划书写得好也罢，不好也罢，如果没有依据，商业伙伴或者部门总监或者投资人可能一开始就会失去兴趣，不相信你浮夸的措辞。

例如：

不要这样说：

这个巨大的市场正在飞速发展，而且很快就会变得空前庞大。我们一旦在几年内占据这一市场，就能开拓更庞大的欧洲市场，获得更大的发展空间且所向披靡，因为我们独特的产品无人可以复制。

而要这样说：

英国市场的估值约为每年2.2亿英镑，并以每年17%的速度增长（源自2016年2月28日《金融时报》的调查）。如果能够按照美国的路径发展，那么其潜在市场规模将达到4.5亿英镑左右，为持续发展提供巨大空间。有关消息（见附录I）显示，当前的供应商难以满足需求，而且积压了18周以上的订单。这些都证实了我们的销售预测。

我们相信，欧盟也存在进一步的扩张机会，那里的市场与英国4年前的发展情况相似。我们的计划是在18个月内平稳进入德国市场……

我们的产品与竞争对手的产品相比有所改进（见附录Ⅱ），并在欧盟完成了专利注册，受其保护。

大多数银行和风投公司都想看商业计划书中关于销售预测的实证信息，它们会查看过去的交易记录，或者和潜在客户沟通。请做好准备，提供尽可能全面的支撑信息，比如市场调研数据、已公布信息、管理账目摘要、客户名单等。

收集数据

从哪里获得数据来支持你的商业计划书？我们要先明确一点：你所收录的数据不需要完全准确，它只需要让读者信服。这并不是要你编造证据。你不能说谎，但是你可以从多种途径获取数据，并对其进行解读，以佐证你所坚信的事实。

下文罗列了一些你能获取数据的地方，按可信度降序排列：

- 政府统计公报。
- 市场调研报告。
- 大学院系刊物。
- 行业协会。

- 行业刊物。
- 报纸文章。
- 竞争对手的宣传手册和网站。
- 供应商、客户和竞争对手的采访和评价。
- 万维网。

政府和国际贸易机构的数据是最佳证据。这类数据可以通过联系政府的工业部门来获取。

许多市场调研报告（含部分过时的）可在大学图书馆或专业公共图书馆免费获得。在英国，公众可以利用图书馆，比如伦敦的城市商业图书馆来进行研究。一些大学图书馆会安排特定时间，允许校外人士访问。

大学院系通常有与你所在行业相关的专家。请找到他们，并咨询他们哪些信息可用及其获取方式。他们可能会向你推荐已发表的论文，但即便你只是引用了他们的观点（记得介绍他们的身份信息），也会让读你的计划书的人感到踏实。请记住，读者可能会查证你的引用来源，所以不要写任何有失真实的内容。

行业协会的员工通常也能帮你大忙。国内和国际的行业协会，你都可以试着去拜访。这些协会通常设有图书馆，也清楚谁在研究某个特定领域。和学术专家一样，你也可以在计划书中引用他们的研究。例如，如果他们说某一市场的年增长率为5%，那么你就可以写下这一点，但要记得注明信息来源。

行业刊物也很有用。你可以打电话给这些刊物的记者，他们通常消息灵通，也知道你该和谁联系。

你可以通过上面提到的图书馆或者互联网找到新闻剪报，不过可能得花点儿力气。你可以先试试联系行业刊物的记者，当然全国性的刊物也值得一试，它们通常是相对严谨的。你也许能碰上一个为某篇文章搜集了大量信息的记者，他说不定会和你分享部分信息。

各种公开发表的资料，包括竞争对手、供应商或者客户发布的报告、账目，都能提供有用的数据。你还可以去采访一下供应商、客户和竞争对手，不过他们提供的信息可能不太可靠，你要谨慎使用，但有时候这些信息是很有用的。

当你通过与人谈话搜集信息时，你一定要问问他们能否推荐其他知情人士。这种转介绍方式或许能帮你接触到真正掌握有用信息的人。

最后，记得在网上查找信息。互联网上可用的信息有成百上千页，你能获得由大学、行业协会、政府机构、新闻媒体、研究机构、图书馆甚至业余爱好者发布的信息。虽然上网查资料是一个耗时的工程，但这种付出通常是值得的。你如果没有立即找到想要的信息，就在所有的搜索引擎上都试试：每个搜索引擎都只收录了一部分信息，因此你即便在某个搜索引擎上一无所获，在其他搜索引擎上也可能会发现你想找的链接。

你如果使用的是谷歌浏览器,那么别忘了使用学术期刊和博客这两个搜索选项,它们或许能带你找到想要的信息或者新的信息通道。在使用互联网时,你要时刻谨记:理想的数据应该是原始数据,而不是被层层引用后的数据……此外,维基百科上写的不一定就是事实。使用网上数据的问题是,读你计划书的人也能轻易查证相关信息。

你如果依然没有头绪,就换个思路:试着向百科全书、全球范围内的大学、美国国会图书馆或者大英图书馆寻求信息。请大胆地联系你在网上遇到的人,给他们发邮件,询问他们是否能提供你需要的信息来源。

重 复

你的商业计划书一定会有重复之处,就和本书一样。你需要确保商业计划书的每一个部分都是一个独立完整的故事,因为读者可能会在读完某个部分后放下文件,又在其他时间拿起来读别的部分。像小说一样,商业计划书也需要时不时地让前情再现。至少,你需要在总结部分对正文内容进行凝练。你在业务背景部分提到的内容,可能在市场部分也有反映。偶尔重复无可非议,它能强化你的论点,让其更有力量。然而,你一定要避免过度重复，尤其是在同一个部分，否则你的故事会显得枯燥无趣，给读者留下含糊不清的糟糕印象。

检查你的文件

找一些你信任但并不参与这个项目的人来读一读你的文件，请他们提一些反馈意见。这并不是让他们挑毛病，而是让他们针对你的想法、担忧和缺陷给出建设性的建议。不要向吹毛求疵的人或者没有商业经验的人寻求建议，他们只会挑出一堆无伤大雅的小毛病，而看不到你真正需要完善的逻辑漏洞。你得找个能对你实话实说的人。

> **要点总结**
> - 关注计划书的目标和读者。
> - 确保计划书完美呈现，讲好你的故事，给读者留下好印象。
> - 用事实和证据支撑你的观点。

目 录

第一章　商业计划书的结构 / 001

使用附录 / 007

第二章　概述 / 011

要点 / 014

第三章　项目背景 / 019

项目介绍以及进展 / 021

商业项目 / 021

产品和服务 / 022

市场 / 023

供应 / 024

目前进展 / 025

第四章　市场情况 / 029

概览 / 031

市场结构 / 032

竞争对手 / 033

客户 / 035

分销 / 035

市场趋势 / 039

竞争优势 / 041

市场细分 / 043

差异性 / 044

定价 / 045

市场进入壁垒 / 046

重大变化和新技术 / 047

市场变化的案例 / 048

混合战略 / 049

第五章　运营方式 / 051

差异 / 054

流程 / 055

控制 / 057

经验 / 058

供应 / 058

系统 / 059

位置和环境 / 060

监管控制 / 062

第六章　互联网和系统 / 065

如果你的核心业务是电子商务…… / 067

电子商务不只是电脑、电缆、Wi-Fi / 070

计算机系统 / 070

第七章　管理 / 073

关键差异 / 080

必备技能 / 081

组织架构 / 082

展示控制 / 084

管理 / 088

第八章　项目提案 / 093

解释 / 095

提议 / 096

你为何会成功 / 098

表明需求 / 099

你的投入 / 101

二轮融资 / 102

达成协议 / 103

退出 / 103

第九章　预测 / 107

销售预测 / 109

成本 / 112

五年期预测 / 113

检查计划书 / 115

敏感性 / 116

关键假设 / 119

解释要点 / 123

第十章　财务信息 / 127

利润表 / 131

现金流预测 / 134

敏感性 / 137

收支平衡 / 137

融资 / 138

调整和检查 / 140

时间安排 / 140

资产负债表 / 142

趋势 / 149

重要术语 / 150

第十一章 风险 / 153

我们做错了什么 / 159

长期与短期 / 159

关注大事 / 159

不要忘记日常事务 / 160

第十二章 法律问题和保密性 / 163

保密性 / 165

第十三章 出售你的商业项目 / 171

说明出售原因 / 174

强调项目的机遇 / 174

不要浪费笔墨描述项目即将出现的转机 / 174

你是否提供了预测信息 / 176

买方是谁 / 176

保留信息 / 177

尽职调查 / 177

你是否拥有你所出售的东西 / 178

第十四章　改善业务表现 / 181

　　计划不是预算 / 183

　　战略愿景和行动 / 193

　　制定战略 / 196

　　为人规划 / 208

　　实用性 / 211

第十五章　竞标业务 / 223

附　录

　　附录1　保密函 / 231

　　附录2　调节利润和现金流 / 233

　　附录3　现金流预测 / 237

第一章
商业计划书的结构

在写商业计划书之前，你要规划好文件中包含的内容。这样的话，如果后期意识到有些内容逻辑有误，或者叙事顺序不对，你就可以节省大量的编辑时间。

> **练 习**
>
> 有了想法之后，用笔记的形式列出关键点：
>
> - 你的产品或服务是什么？
> - 它有什么独特之处？
> - 竞争对手有哪些？你的优势是什么？
> - 你的客户是谁？如何接触客户？他们的购买理由是什么？
> - 客户需要付出什么？
> - 你如何制造产品或者交付服务？
> - 收入和成本情况如何？
> - 你需要什么？

写下主标题，在标题之间留出足够的空间，然后简单列出这个部分应该包括的关键问题。这些问题可能会成为计划书中的副标题，不过这并不是必需的。

例如，如果打算在英国开一家连锁书店，我们可能会列出下列内容作为关键问题：

- 市场背景。
- 独特之处。
- 管理团队。
- 运营细节。
- 项目提案。
- 业务预测。
- 退出策略。

由于我们选择的是成熟市场，我们的潜在投资人可能会认为他们很了解这个市场，因为他们是书店的常客。显然，我们需要解释市场如何运作，以纠正所有误解。然后，我们需要向潜在投资人展示我们的独特之处，让他们相信我们能够成功立足于这个业已成熟的市场。为此，我们必须要展现出我们是一支强大的管理团队，并且解释交易的运作机制，因为这是创新之处。接下来涉及的问题就可以遵循标准模式，包括项目提案、业务预测（我们希望达成的目标)以及退出策略(投资回报的获取方式)。

再如,在有关运营细节的部分,我们列出的副标题包括:

- 客户。
- 产品。
- 供应链。
- 系统。

我们需要解释客户包含哪些人群以及不包含哪些人群,以便说服读者相信我们能比竞争对手吸引更多的客户。

在产品这一副标题下,我们介绍了产品范围:最受欢迎的大众书籍(例如非学术书籍)以及配套的光盘、音乐唱片、贺卡和礼品包装等。

接下来是关于供应链的说明,因为我们打算采用的供应方式与竞争对手稍有不同,所以我们必须对它做出解释。

在这个部分的最后,我们讨论并说明了我们的系统在推动想法落地方面的关键作用。尤为重要的是,我们要让读者知道,高效的运营体系可以快速建立,而且成本低廉。

一旦列出了完整的清单,你就需要再好好琢磨一下是否遗漏了重要内容。如果有,你就要加进去——确保你认为的重要内容都包含在计划书中。

计划书包含的具体内容会因商业项目的不同而有所差异，但大致有：

- 概述。
- 简介。
- 项目背景。
- 产品介绍。
- 市场情况。
- 运营模式。
- 管理团队。
- 项目提案。
- 财务背景（当前交易情况，财务预测）。
- 风险评估。
- 结论。
- 附录。

这些内容的顺序取决于呈现故事的最佳方式。记住，你要讲一个条理清晰且有说服力的故事。你可以合并某些内容，比如把产品介绍和市场情况放到一起。另外，你也可以增加一些上面没有提到的内容。

为了保持结构清晰，你需要重复一些内容。概述部分的内容显然会在计划书的正文部分被详细说明。简介和项目背景中提到的内容也会在其他地方重复出现。只要你不是反复地重复细节就行，否则你的文件读起来会索然无味。

你或许还需要补充一些其他内容来解释你的商业项目。上面的清单并未包括技术、政策、贸易伙伴或者其他方面（取决于你的企业发展模式），你可以根据具体情况增加相应的内容。

如今大部分企业都广泛使用计算机和互联网，所以计划书中通常要有关于技术的内容。这并不是让你介绍技术细节，而是要你说明技术如何支持你的商业项目。例如，有的企业需要通过自己的网站进行交易，那么计划书就要包含网站的搭建人员、维护人员和托管人员等信息，以证明网站有足够的带宽支持计划书中的发展预测。这些内容可以放在运营模式部分，但你可以根据其对项目的重要程度设立单独的部分。

使用附录

你的商业计划书可能还包含许多详细的例证。若是如此，你就要仔细考虑是否有必要将其写在计划书中，抑或仅仅将其作为参考，在必要时提供。你如果觉得有些例证能显著提高你的主张的可信度，就把它们放入附录并在计划书中简要概括。你要在计划书中标注清楚附录的位置，以便读者能轻易找到它们。附录可以单独装订，以免主文件过于冗长。大部头文件会让读者望而却步，所以请尽量让计划书保持适宜的长度。最好把大块内容放到附录中，让计划书保持简短。

不要把详细的数据或者案例放到计划书中，这会影响故事的连贯性，让文件显得乏味。简要介绍一下案例的内容，标注好参考文件的位置即可。如果你的商业项目有多年的账目记录，你就可以在计划书中概括说明关键数据，然后将具体的账目放到一个单独的文件中。

你可以把以下两种文件放到计划书的附录中：能够帮你说服读者；可以作为计划书内容的佐证。前者是十分必要的，后者则视情况而定，除非它的确能增强说服力。你要放在附录中的资料可以是：

- 专利副本、版权证明或者商标注册资料。
- 租约副本。
- 详细账目。
- 市场调研报告。
- 核心人员的简历。
- 相关图片，例如零售门店的照片（如果你做的是零售业务）或者设计作品图片（如果你做的是设计业务）。
- 技术说明。

- 产品手册。

这不是一个全面的清单,毕竟现实中的可能性多种多样,这里仅仅提供了一些重要证据作为参考。

> **要点总结**
> - 列出计划书的主标题。
> - 看看这些标题是否可以帮助你讲述故事。
> - 将支持计划书的详细例证放到附录中。

| 第二章 |

概述

多年来，我一直都说"概述"要最后写，虽然它出现在开头。它是计划书的重中之重。

现在，我改变了主意……用概述开启你的计划书，先列出你的商业想法的关键要点。写下你的商业动机，你需要读者做什么，以及他们将得到怎样的回报。长度不要超过一页纸。

写完后，把概述当作参考，再按照本书描述的方法完成计划书的余下部分。计划书的余下部分将为这些观点补充细节和证据，不过在写细节的时候，你可能会对这些大的要点做出修改。所以，在写完计划书之后，记得重新编辑概述。这可能会让概述增加到两页，不过尽力让它保持简短。

虽然概述出现在计划书的开篇，但它是最后完成的。它是计划书的重中之重。

要 点

你的概述必须让读者对阅读计划书的余下部分产生足够的兴趣。你需要在概述中介绍你自己、你的团队背景、商业项目、项目提案、成功理由、你对投资人的期待（投多少钱、何时投资），以及他们什么时候能拿到回报或者将会获得怎样的回报。所有重要的内容都要出现在概述中——这些要点由你决定，但至少要包含：

- 项目背景。
- 团队背景。
- 项目提案。
- 成功理由。
- 投资回报。
- 主要风险以及规避方式。
- 你对读者的期待。

你或许还会提及市场或者竞争环境，但顺带提一下即可。记住，所有这些内容都必须压缩在一页内！这个要求有点过分，但完全可以做到。秘诀就是将真正重要的内容写下来，然后删掉不必要的细枝末节和华丽的辞藻。把自己想象成一个旁观者，客观地写一篇关于项目的文章。

撰写计划书和写新闻稿最大的不同之处就是,你必须把重要的数据写入概述。即便没有太多重要的数据,你也必须将其写入概述。因为它们是说服读者的关键证据,可以向投资者传递项目规模、市场、投资及投资回报率等相关信息。它们可以让每个读者牢牢记住计划书的关键点,也能帮读者了解项目情况。数据是商业项目沟通的重要内容。

下面这个案例来自20年前,但它仍然能很好地说明上述观点。

> 项目发起人提出成立一家新的连锁书店,因为英国有价值10亿英镑的零售市场缺口可以利用。由于人口构成的变化和监管法规的更改,这个项目有巨大的发展潜力。细分图书市场正在整合成几家全国性的连锁书店,而本项目正好看到了建成全国性的连锁书店的大好前景。我们的管理团队拥有开发和经营英国最大的连锁书店(有150家分店)的直接经验。
>
> 本项目的经营理念是在城镇的有利位置建立单层大众书店,这些地方目前行业竞争有限,因此我们的书店将成为最大的图书销售点。我们的书店在产品、环境和服务方面有别于竞争对手,而且将保持低成本运营。每个书店将提供约30 000种

图书和补充产品。我们的书店不仅专业、权威，而且氛围温馨，能比大多数竞争者吸引到更广泛的顾客群体。

单层书店能避免多层书店带来的较高的人员配置和建筑成本。我们将采用集中采购和批发商供应的方式，从而降低成本。同时通过利用大型数据库，提高采购质量，降低行政费用。由于选择储备更受欢迎的大众图书产品，我们的书店将比那些同时储备学术性书籍的竞争者获得更高的库存周转率。

项目发起人计划在第一年筹集75万英镑的资金，用于开设3家书店，然后进一步筹集400万英镑，每年开设8家分店，最终达到开设50家分店的目标。根据每平方英尺[①]300英镑的预计销售额和每平方英尺80英镑的库存，这些书店将在第二年的经营中实现现金创收，而整个项目将从第四年开始实现现金创收。

根据附件提供的预测数据，该业务将快速增长并产生诱人的净资产回报。在运营的第五年，投资回报率将达到30%。第四年的资金需求最高，为350万英镑，但项目发起人计划在第二轮融资中筹得足够的资金，以满足这一需求并应对不可预见的问题和更快的增长。项目发起人将投资20万英镑购入普通

---

① 1平方英尺 ≈ 0.0929平方米。

> 股并寻求投资人以同样的投入加入这个项目。预计投资人将在3～5年通过股权转让获得投资回报。

从这个案例可以看出，这篇不满一页 A4 纸的概述包含：

- 市场概况。
- 管理团队。
- 项目的独特之处。
- 项目提案。
- 投资回报。
- 退出方式。

有些要点被省略了，例如，风险未被提及，因为我认为提及风险会占据大量篇幅，所以将其放到主文件内。你或许觉得有必要在概述部分提及风险，但前提一定是，与回报相比，风险微不足道。概述要保持精简，且必须关注积极的方面，不要让读者看完你的概述后产生消极的念头。

上述案例中的数据是用来说明要点的，但仅限于最重要的问题，而且它们并非精准数据。读者不会关注你的数据是否精确到了小数点后几位。概述的目的是留下初步印象，而不是陈述细节。

练 习

- 列出投资人对你的团队、项目或者相关市场可能产生的消极想法。
- 写下你对这些想法的回应——它们有说服力吗？
- 列出概述中一定要提到的项目亮点。

要点总结

- 用一页纸的概述概括你的故事。
- 概述必须抓住读者的注意力。
- 概述一定要选择关键点，并提供必要佐证。

| 第三章 |

项目背景

项目介绍以及进展

没人会支持一份自己不了解的商业计划书。你在概述部分大概介绍了你的项目,但并未进行详细说明。接着,读者就会看到这个部分。你的读者或许对你的商业项目和你所处的行业一无所知,更有甚者,他们可能自以为有所了解,而实际上都是误解。你必须让读者快速了解你的情况,或者纠正他们的错误观念。这个部分的目的就是快速说明重要事实,描绘一幅宏观的图景,帮助读者了解、吸收计划书正文中的内容。也许不设置这个部分你也能做到,也许其他地方也会提及相应的内容,但在这里,仅凭短短几句话,你就有机会让读者了解这个商业项目的精华。

商业项目

我有六个忠实的仆人,他们让我无所不知;

> 他们名叫何事、为何、何时、如何、何地、何人。
>
> ——拉迪亚德·吉卜林（Rudyard Kipling）

请大概描述项目情况：

- 它是什么，它如何运作？
- 经营场所在哪里？
- 建立过程和时间是怎样的？
- 由谁建立？
- 为何建立？
- 目前为止是否成功？如果没有，不成功的原因是什么？

产品和服务

所有的商业项目都卖产品，而读者或许不了解那些影响你的产品的特殊问题。你必须言简意赅地对关键问题进行解释：

- 不要在此处解释技术细节，只需大致说明项目的运作情况、具体内容及经营场所。
- 它有什么特别之处，是否有专利保护？
- 是否有关键的供应商、经销商或者客户？

市 场

大部分投资人都自认为对各种市场有所了解。因此，你必须选择关键要点，一针见血地让读者了解你的商业项目所处的市场环境，果断地纠正读者的误解。记住，这是一个表达你的意愿和理由的平台，一定要把焦点放在支持你的计划的内容上：

- 市场结构如何？
- 你的客户是谁？
- 他们为何购买这种产品？
- 他们为何从你这里购买？
- 你如何分销你的产品或服务？
- 你的竞争对手大概有哪些？
- 对手的竞争力如何？

这里所说的"市场结构"是什么意思？是这样的，我们需要看看这个市场是有一个一家独大的主要供应商还是有很多供应商，或者有一个主导的供应商联合体？同样，我们还要了解这个市场有一个还是多个客户？这个市场有一家还是多家与你们类似的供应商？是否有细分市场，一头是高端市场，一头是低端市场？是否有大的品牌运营商，它们在推销自己的产品和服务的同时已经开始树立品牌形象了？

这些问题和列表中提及的其他问题都将在下一章被详细讨论。

供　应

许多商业项目都涉及重要的供应问题。例如，如果你是一个汽车经销商，那么你的计划书就必须明确说明在哪里能买到你的汽车，影响你的汽车销售价格的因素，以及你的供应链保障问题。你的主要供应商是谁？如果你的主要供应商的市场份额减少，你就需要消除读者的疑虑，告诉他们这不会影响你的提案的可行性。如果你的商业项目是关于计算机软件业务的，那么缺乏娴熟的程序员或者系统分析师也是一种供应限制。

你需要回答下列问题：

- 你的主要供货来源是什么？供应商的数量是否有限？
- 你能否按期望价格拿到足够的货且不受限制？
- 信用期限是问题吗？你的信贷限额是多少？你的信用期限是多少天？

请回答潜在供应商可能出现的主要问题，但在此处不要展开讲。例如：

- 它是否有关键客户或者供应商？
- 它对关键员工是否有特殊要求？
- 它有多少家分店或者工厂？
- 它的规模有多大（营业额、利润、员工方面）？

> Qualco是一个家族式洗衣公司。它有四家分店，分别位于伦敦郊区的谢泼兹布什、哈默史密斯、荷兰公园和帕特尼。每个分店都有一台ZZZ干洗机，但所有待洗衣物都会被送到谢泼兹布什的中心处理站。公司的司机每天往返于各个门店，并上门为顾客取货和送货。
>
> 该公司75万英镑的营业额约有50%源于洗衣业务，其中80%源自与西伦敦70多家酒店和餐馆签订的合同服务。

目前进展

请说明你的商业项目是如何发展到目前这个阶段的。显然，创业项目的提案在这方面没什么可说的，但你可以详细地谈谈市场情况,以及你将如何参与其中。如果你的项目遇到了问题,你就要解释问题出现的原因,说明吸取的教训以及解决问题的方式。要了解一个项目,对它的发展前景充满信心,读者就一定要看到企业的发展历程,如下面的案例所示。

> 约翰·史密斯于2000年以10万美元收购了一家名为Sunblast的亏损公司。他削减了管理费用,不再经营成交量低的产品,并在招募新的管理人员和成为非执行主席之前使公司恢复了微薄的盈利。他聘用的新总裁查尔斯·琼斯以前是一名会计师,曾是Strutt & Grovel公司的合伙人。到2003年,公司的利润增加到5万美元。2003年,琼斯说服史密斯和董事会其他成员收购和他们的业务互补的黑洞公司。不幸的是,由于两位大客户的破产,公司的订单量急剧下降。
>
> 琼斯拖了三个月才向董事会报告此事,在此期间努力寻求新客户,但没有削减管理费用。2004年,公司的亏损达到20万美元。银行任命了一个接管人并要求交叉担保,这使得Sunblast进入接管状态,虽然它仍然能实现盈利。

这是一个收购团队为从接管人手里购买一家公司而进行融资的提案,因而需要进一步做出详细解释。这个团队需要让投资人相信买进的业务能赚钱，以及原先击垮公司的问题并不会影响该公司的后续发展。

对于有些公司来说，监管是关键因素。对于经营一家店铺来说，监管或许不是重点，但对于赌场、娱乐设施租赁、疗养院、食品配送、公路运输等行业来说，监管就很重要。

请消除疑虑。你的读者不会投资一个稍有不慎就会被叫停的项目，即使仅是因为相关部门一时兴起。请清楚说明你的项目如何运作，以及你如何通过内部管控来确保不会与监管部门产生冲突。

练习

- 写出5～10个词或者短语描述你的商业项目。例如，我用这些词描述项目：遗产、旅行、真实性、专业知识、范围和品牌。
- 列出3～5个让你的业务运转的因素。
- 列出3个你影响市场的方式。
- 列出3个主要风险以及风险发生时的应对措施。

要点总结

- 在这个部分简要介绍你的商业项目。
- 何事、为何、何时、如何、何地、何人？
- 你的商业项目是如何发展到目前这个阶段的？

| 第四章 |

市场情况

本章的内容不一定面面俱到，但希望它能让你有所思考。你要尽力向读者解释市场的重要情况，以便构成提案的市场背景，让读者相信你能达成预估目标。

哪些内容重要？这部分应该写些什么？决定权在你手中。

概　览

简要描述你所处的或即将进入的市场的情况。你可以给出定义并做出解释。这里的关键是说明为什么人们会购买你的产品或服务？你的产品或服务能带来什么好处？

比如，食品能解决人们的饥饿问题，味道也不错。而你的产品可能使用起来比较容易，因此能提供便利。或许这个产品能让使用者自我感觉良好——感到年轻、性感、酷等。这些优点都应该列在商业计划书中。任何可以销售的事物，不论是工业产品还是服务，都应该具备激发顾客购买欲望的优点。

你的顾客是谁？如果你的产品面向的是不断扩大的高龄群体，或者正在缩减的年轻群体，你就一定要进行描述，这很关键。你如果想在不断缩减的市场扩展业务，那么会遇到什么问题？

市场有多大？除非答案显而易见，否则你就要提供关于市场规模的数据，以便读者能够了解你期待占据的市场份额。这也能很好地检验你对市场份额的预估是否合理。

市场结构

市场结构是评价你的项目是否具有吸引力的重要因素。请好好介绍它。

例如，英国的图书零售是一个细分行业，许多独立书店的面积不足 100 平方米，个别大的图书经销商的连锁书店占据着 15%～20% 的市场份额，主要卖一些畅销书；还有 20 世纪 80 年代发展起来的专业连锁书店，但其大部分受到超市和线上书店的排挤，现在只剩一家大的专业连锁书店。

另外，超市业务在大多数国家都只有屈指可数的几家重量级竞争者。市场规模带来规模经济，所以作为新入场的创业者，你需要解释如何复制这些成本优势或者规避对手的成本优势。

市场是否国际化？也许你经营的是一家工程咨询公司，在全球的多语种市场开展业务。你如何成功应对全球竞争？你或许有必要在计划书中选择一个国家的市场做深入探讨。

也许你的客户散布在全球：你的法律服务公司设立在某个国家，但却服务多个国家的客户。你如何向他们提供跨国服务？你是通过并购或联合其他国家的机构，还是仅仅因为你们的专业性，让客户别无选择？

此外，请解决读者可能存在的疑问。一家大型营销机构的常务董事有一天找到我，说他们公司的业务有 65% 来自一个业内的大客户。这个客户某一天可能会离开，也许转为内部营销，也许自己接管营销业务，甚至有可能找别的竞争对手——总之，它总有一天会离开。他如果要写计划书，就一定得说清楚这个问题。

竞争对手

很多计划书在描述商业项目的时候，对竞争对手闭口不谈。一些众人皆知的竞争对手之所以被提及，显然也是因为它们的产品质量比较低劣。然而，竞争对手的产品不够好，并不意味着你就能在市场中打败它们，贬损它们只会显得你很自大。许多人认为索尼公司的 Betamax 录像系统在技术上明显优于更成功的 VHS 录像系统。但当欧盟要颁布一个高分辨率电视系统的认证时，它有可能发给有技术优势的公司，也有可能发给欧洲公司，却并不会发给日本或美国公司。

这些竞争对手是想要把你挤出市场的人，不容小觑。你打算如何在和它们的较量中获得优势？它们会采取怎样的措施来打压你？

你既要关注现有竞争者，也要关注新入局者。

- 现有竞争者。描述它们的规模、优势、劣势、运营方式，然后介绍你将如何打败它们。
- 新入局者。那些新入局的竞争对手可能会给你带来威胁。你也许认为自己比现有竞争对手厉害，但相比其他国家的大公司或者来自别的行业的竞争对手呢？有两种行业尤其要重视这一点：
  —— 成熟行业通常只在其他欠发达国家或者竞争对手较少的国家有发展机会。
  —— 受高科技影响的行业可能会出现新竞争者。

例如，20世纪90年代影响英国图书行业的因素有：外国公司——美国公司开始关注英国市场，其中一家大型集团接管并扩张了一家当地公司，快速形成了强劲的市场竞争力；技术——互联网图书销售在这个时期异军突起。

诸如分销、定价、包装和宣传，以及对手的竞争力等问题，都是决定成败的关键因素，因此你有必要在商业计划书中简短地解释这些问题。让潜在投资人知道你了解自己的竞争对手和客户，有助于增强他们的信心。

客　户

许多商业计划书都缺少对客户的说明。你的客户是谁？ 如果你的汽车部件零售业务主要面向的是年龄为 18～30 岁、属于社会经济学中 C1 或 C2 消费等级群体的男性，那么你可以写出来。当你了解自己所做的事情时，你就会树立信心并解决潜在的问题，而且这可以展示出你拥有稳定的客户群体，他们有发展潜力且可支配收入高。你面向的市场可能主要是超市采购人员，其次才是终端用户。在担心市场竞争之前，你需要先让产品上架。谈谈你的直接市场——超市采购人员，但也不要忽视终端用户。如果他们不从货架上购买你的产品，那么超市采购人员也不会续订货物。终端用户的支付速度会更快！

分　销

如果你的产品或服务需要分销，谈谈你打算怎么做。你或许需要分销商的法律文书（放到附录中），证明你们之间签订了双方满意的协议。许多市场接触客户的渠道都很有限。因此，你怎样应对强大的分销商？你会利用它们的仓库或者快递业务吗？

你也许通过邮购、电话或者互联网直接进行销售：这是否意味着你有自营仓库？你有建好的仓库吗？你如何宣传你的产品或服务——你能说服客户接受这种宣传推广方式吗？

你也可能通过代理商、批发商或者零售商销售：你能否让投资人相信这种方式很有效？你能否说明这种方式的成本合理可控？

你向海外销售吗？这占多少业务份额？对英国来说，脱欧以后，情况变得复杂，你需要做出详细解释并且说明成本。你如何应对不同国家的增值税（或者营业税）？

网络分销

几乎所有的商业项目都受互联网影响，它可能成为销售渠道、变成竞争对手或者作为你向潜在顾客展示服务的平台。你要在计划书中对其做出讨论。电子商务引发了全新的话题：

- 你的网站的安全性：如果打印机、路由器或者网络连接有问题，你是否会损失一天或者一周的生意？
- 你的网站是否有最新的防火墙、安全备份、病毒保护、用户数据加密？你的网站合规吗？

- 你是有自己的网站还是挂靠别人的网络平台？
- 你的网站有何特别之处？谁在维护？
- 你是否做了搜索引擎优化？
- 顾客如何找到你的网站？
- 比价网站上有你们的产品吗？
- 你们使用社交媒体或者邮件营销吗？
- 你的网站的点击量如何？网站动态怎样？
- 你是否有自己的客户数据库、忠诚计划、奖励计划、伙伴计划？

> 有一家小公司在网上向全球销售特大号鞋子，做得非常成功。然而，这家公司使用的主要搜索引擎突然改变了算法，这导致它消失在搜索列表里，销售量锐减。如果这家公司的所有者在商业计划书中写了"90%的业务来自某搜索引擎的引流"，那它是否会尝试其他营销渠道？
>
> 另一家公司，在美国卖游戏……突然，主流搜索引擎开始看重与其他高评分网页的链接……同样，这家公司的业务量暴跌，用了两年时间才恢复。
>
> 我的公司通过互联网卖书。一年中有段时间，我们和出版商签订了利好合约，能以优于竞争对手的价格进行特别促销。

> 这么做的第一年，我们发现竞争对手会在两周内赶上我们的价格，或者以低于我们的价格出售。第二年，不到一周，竞争对手就能以相当的价格销售所有畅销书。我们现在不得不随时查看价格变化。我们甚至发现竞争对手在以更低的价格宣传那些我们独家售卖的产品！

另一个和网络分销相关的问题就是价格竞争。解决这个问题的办法就是不要仅仅关注价格竞争，除非你有无懈可击的成本优势。你必须在计划书中讨论定价。

你的网站除了销售是否还开展其他业务？例如，一家咨询公司可能用网站宣传业务，人们可以通过网站了解并联系它。它的网站可以对面对面销售模式加以巩固。现有客户可能会向潜在客户或者私人朋友提及你的产品或服务，专业且出色的网站会让他们感到放心踏实。因此，请在计划书中说明网站的目标。

有一些业务本来平淡无奇，一旦和网络联系起来，人们的看法就变了。

> 我收到过一份互联网公司的商业计划书，这个公司把自己描述成"亚马逊第二"。亚马逊的全球销售额当时是该公司的

> 2000多倍——它把自己比作亚马逊合理吗？一家实体公司，比如家庭超市，会把自己比作乐购、家乐福或者沃尔玛吗？我猜不会。
>
> 网络很容易诱发夸大和妄想。

不要信口开河，说出不切实际的言论。请保持冷静、理性。

市场趋势

你所在的市场有哪些可察觉的趋势？市场会发生怎样的变化？世界局势风云变幻，新技术也在不断冲击市场。你面临着怎样的威胁和机遇？

> 我有一个客户生产一种让日光浴爱好者免受紫外线辐射的系统。它对波长较短的UVA（长波黑斑效应紫外线）管用，但后来，新闻报道开始强调防护波长较长的UVB（中波红斑效应紫外线）的重要性。重点并不是技术有效性，而是如何实施有效的营销对策，维持客户的信心。
>
> （企业财务顾问）

你一定要讨论市场趋势，可以是增长趋势、衰退趋势或者简单的变化，而且必须包含：

- 市场规模。
- 价格。
- 竞争。
- 技术。

市场趋势还包括营销趋势，比如与下列内容相关的趋势：

- 餐饮业的休闲餐饮。
- 男士的休闲服饰。
- 旅游业的长途旅行。

投资者青睐成长中的市场，因为这样的市场容易扩大销售。然而，成长中的市场会吸引更多的竞争者，造成价格下降。这些问题都需要在计划书中呈现。

有些变化可以预知。商业计划书的读者希望了解可能发生什么，并不在乎你的预测是否证据确凿。而且，在他们对你的项目产生消极想法之前，你要先发制人，提出问题，让他们卸下防备。书店就是一个很好的例子：无论是在社交聚会还是在商务会议上，人们都经常讨论互联网图书销售的影响以及儿童是否会像过去那样读书。这些关于互联网图书销售增长、儿童阅读量减少的趋势已经尽人皆知。把这些问题纳入计划书，你就有机会解决它们：或许你发现互联网不会百分百占据市场，而是给零售商留下了可盈利的空间；这说明整体的图书市场虽然处于停滞状态，却并没有衰退；等等。

你无须大费周章，也不需要写出一篇 200 页的文章，只需用一段评价或者一个段落就能解决问题。

竞争优势

如果你有竞争优势，请一定把它作为重点来强调。这是让你的产品或服务胜出的基本要素。

成本是显而易见的优势。如果你能以比其他人都低的成本生产某件产品，那你就拥有明显的优势。你可以向客户收取更低的费用或者向中间商支付更多佣金，即使这样，你仍然比竞争者有更大的边际利润。

另一个竞争优势是先进技术。比如，戴森吸尘器能比竞品产生更大的吸力，因而它在英国所占的市场份额超过 50%。

大多数竞争优势都有期限，比如专利会过期，成本优势会随着竞争者找到降低成本的方法而消失。你需要在计划书中解释这个问题，不然你的读者会产生疑问。请估算一下竞争优势能持续多久。你可以在计划书中说明，当最初的优势随着时间推移减弱后，你将建立其他竞争优势。例如，即使专利过期，竞争者开始复制你的产品，你仍可以通过强大的品牌认可度来维持市场领先地位。

也许你的商业项目规模不大，也许你经营着一家当地最大的儿童服饰店。你或许坚信和同领域其他从业者相比，你拥有丰富多样的产品，一旦你站稳脚跟，就没有竞争者能开一家规模相当的店铺与你竞争。

竞争优势可能源于：

- 成本。
- 技术。
- 品牌。
- 经营范围。
- 局部垄断（例如，购物中心的唯一一家书店）。
- 地理位置（例如，风景最好的酒店，离高速公路入口最近的加油站）。
- 分销（例如，和一家大型零售连锁企业签订了独家经销协议）。
- 采购（例如，和唯一的生产商签订了独家采购协议）。

若要拥有竞争优势,你的业务要素就一定得独一无二,而且无法轻易被竞争对手模仿。最理想的情况是,你的各种业务相得益彰,这样竞争对手就难以复制你的整个体系。有一个经典案例:一家廉价航空公司在运营方面协调多种要素,共同奠定了低成本的基础。相比之下,提供全方位服务的航空公司无法在不影响其他业务的情况下,在它们的系统中复制这些要素。如果它们尝试建立自己的低价航空部门,那么它们会发现这相当于找了个竞争对手,与自己竞争并抢夺全方位服务市场。

你的竞争优势会让你拥有独特的销售主张。如果你有独特之处,那你就有机会获取更高的利润,带给银行更大的安全感,回馈投资者更高的回报。

市场细分

市场通常被划分为不同的细分市场或更小的单位。你的业务可能定位在一个有特色的细分市场。例如,你可能从事汽车修理业务,如果你能够专门修理阿尔法·罗密欧汽车,那你就会与众不同。你计划主宰这个细分市场。如果在你的细分市场中竞争对手寥寥无几,那么整个市场竞争再激烈也不会影响到你,你依然可以收取高昂费用。

如果你的项目定位在细分市场,你就一定要展示出特色。

差异性

你的产品或服务与竞争对手的有差别吗？有的公司虽然经营小商品，但依然取得了成功。它们能取得成功，仅仅是因为比竞争对手卖得便宜，或者比竞争对手进行了更有效的分销，而产品本身则相差无几。但大多数公司会让它们的产品或服务变得与众不同，比如在以下方面：

- 优势、特点、个性。
- 产品质量。
- 服务质量。
- 售后支持。
- 外观。
- 形象。

请展现不同之处，因为它们能够说明你的项目为何会成功，以及为何你的竞争对手不能轻易复制你的产品。也许竞争对手有朝一日能提供相同的产品，但不会很快。

在很长一段时间里，麦当劳餐厅都乐意向所有人开放，竞争对手也不例外。它们相信自己的经营模式独一无二，即便表面被模仿，也没人能够完完全全地复制相关细节。与恰当的市场定位或者短期的设计特色相比，这种差异更为重要。

定　价

定价策略对大多数商业项目都至关重要，仅这一个话题就可以独立写本书。定价策略和商业战略确实有着千丝万缕的紧密关系。虽然你的计划书也许没有必要专门设立一个板块来讲述定价策略，但你一定要提及：或许是在描述市场情况的时候，或许是在提案中，或许是在描述商业项目的独特之处时。如果定价策略包含折扣或者赠品，那计划书的财务相关板块就要说明折扣的价值。

图书有定价，但销售时也会使用折扣，比如买一赠一、积分卡等，这些都属于定价策略。电脑生产商或许会使用不同的定价策略，例如把基本款的电脑价格定得比较低，但对升级、维修或者零件额外收费。它们也会针对不同的区域市场或者不同的顾客类型制订不同的价格方案。例如，它们会向公共部门提供低价的机型。这些考量对服务业同样适用，例如会计师可能会低价提供报税服务，但要想获得他们对税务问题的专业建议，你就要支付更高的费用。

定价策略是大多数企业的关键竞争工具，是商业成功的关键，因此，你必须对你的定价策略做出说明。你的商业项目是面向高端市场还是低端市场？是否处在细分市场？你的产品和服务与竞争者的是否不同？你是否生产一系列价位不同的产品？高定价和服务策略并不罕见。你在考虑定价策略时需要考虑折扣，以及包装尺寸、积分策略和附赠产品，或者拿出产品的一部分单独销售，例如对服务或者售后支持单独收费。

记住：唯一能长期压制对手的方式——前提是你能承受短期损失，是维持更低的成本，否则成本低的竞争对手会一直压制你。即便你拥有低成本的优势，价格战也是冒险的做法，因为财力更为雄厚的对手可能不惜赔钱，通过降价做出反击。在英国的维京铁路公司将一条线路停运后，一家地方公司开始在这条线路上提供低价服务，与维京铁路公司收取的高价形成鲜明对比。结果，财大气粗的维京铁路公司立刻做出反击，恢复了线路运营并提供与之匹敌的低价。

市场进入壁垒

银行和投资人倾心于有竞争保护的公司。这种保护通常会让这些公司的收入有所保障，而且利润更高。例如，赌场就受保护，因为法律通常限制一个区域内的赌场数量。相比之下，商业街的零售店就无法限制竞争对手在隔壁开店。我记得这样一个例子，一家儿童服装零售店因为有人在隔壁开了一家业务完全相同的店铺而叫苦不迭。

主要的市场进入壁垒包括：

- 高成本设备，品牌知名度。
- 专利或者专有技术知识。
- 许可，例如药店必须有经营许可。
- 位置，例如开在高速公路口的加油站既能保证利润，也让其他竞争者难以复制。
- 稀缺资源使用权限，例如建在盐矿附近的盐场。
- 强大的品牌。

如果你拥有诸如此类能保护你的商业项目免受竞争的优势，那么请务必在计划书中提及。

重大变化和新技术

周遭环境瞬息万变，而投资人需要知道你对变化的态度。他们需要知道你能够应对这些挑战或者抓住契机。大多数变化都是由新技术驱动的，但不是全部。

市场变化的案例

众所周知,互联网图书销售飞速发展,电子书也越来越受欢迎。实体书店如何应对这些挑战呢?除此之外,还有其他非技术类威胁,比如超市也开始上架畅销书而且价格优惠,它们在圣诞节热销季提供的折扣力度尤其大。对此,你将如何应对?

如今,各种各样的产品和服务都利用互联网进行销售,除了音乐、图书,还有相机、煎盘和服装等,甚至连服务业也受到互联网的影响。企业顾问以前需要坐车去客户公司举办讲座,而现在他们可以在网上完成咨询。原本准备工作需要一天,路途往返需要一天,咨询活动本身需要一天,而现在总共一天就足够了。这是否会挑战你的商业模式,影响你的收入?或者你可以抓住这个机遇,把类似的网络会议卖给一些客户,并通过互联网进行营销,从而增加收入?

在写"市场趋势"或"竞争优势"部分时,你或许已经提到过这些变化。一方面,你要避免重复,尽量将计划书中的这两个部分进行整合;另一方面,如果把所有这些内容都放到一处显得不伦不类,那你就不要怕啰唆。

请把重点放在你应对这些变化的措施上并解释:

- 为何你所预期的变化不会带来严重的威胁。

- 你将如何应对它们。
- 你将如何利用它们促进你的业务。

千万别糊弄，因为读者会看穿你的如意算盘。如果有问题，你就需要立刻在计划书中回应，这也是计划书的目的之一——让你明白自己要干什么。

投资人担忧新技术会失败，或者会被更新的技术所颠覆。如果你开发了一个使用只读光盘的商业项目，那你就必须解决技术更新换代的问题。一个可行的办法是，说明你能够在短期内实现项目的价值、赚取足够的利润；另一个办法是，直接告诉读者你已经未雨绸缪，开始谋划下一步。关键是针对问题提出可行的解决办法，并且在读者提出问题之前抛出对策。

混合战略

我的公司通过亚马逊平台销售图书并努力提供低价图书。但我们的服务颇具竞争力，因此我们的定价高于那些从美国供货的竞争对手，他们的配送时间是两周，而我们只需两天。此外，与那些顾客评价较差的竞争对手相比，我们的定价也高一些。如果你的商业项目使用混合战略，请详细描述。

练 习

写下：

- 是什么让你的商业创意或者现有项目在市场上独树一帜？（不超过三点）
- 竞争对手如何应对你的优势？
- 你如何保护自身优势？
- 你如何利用市场变化？

要点总结

- 详述市场特点、市场结构以及市场趋势。
- 介绍竞争对手以及他们的竞争优势。
- 你的相对优势是什么？你的独特销售主张是什么？

第五章
运营方式

鉴于商业项目的独特性，你或许需要解释项目的运营方式。如果读者对你所在的行业不甚了解，那么你需要对关键要素进行解释；如果他们自认为了解这个行业，那你就更要解释，因为他们可能理解有误，亟须纠正。投资人通常对许多行业都有所了解，所以你要对回答细节问题做好准备。他们需要确认你是否真正了解自己的项目。

运营方式为何重要？原因有两点：

第一，你的竞争优势也许就在于你经营日常业务的方式。如果你不做出解释，读者如何知道你与别人的差别所在以及你的优势在哪里？

第二，投资人或许对行业的运作方式有所误解，这可能会影响他们对你的项目的评估。即便他们选择支持你，这也会给你们之后的合作带来隐患。因此，你要：

- 描述流程。

- 展现控制。
- 强调差异。
- 展示经验。

让我们跳出以上严密的逻辑顺序来看看这些内容。

差 异

要想证明你的商业项目与众不同而且优于其他项目，就要从你想要传递的差异开始说起。

让我们回到最熟悉的书店的例子。这个商业项目的竞争优势来自：仅仅通过一两家供应商来获取大部分库存。其中所传递的优势包括：

- 管理负担与传统书店相比较小，因为传统书店的供应商有成百上千家甚至更多。
- 电脑联网和专门的批发系统，可以减少工作人员登记新到店的商品所花费的时间。
- 减少了员工填充库存的时间，填充库存主要由供应商完成。
- 由于大量业务都在一两家供应商之间进行，因此交易条款更好。

这些优势非常重要，对运营成本的降低做出了贡献，让员工有了更多的时间为客户提供服务，因而形成了以客户为中心的服务模式。你的商业项目也拥有独特之处和优势，请把它们列出来，以便一条不落地将它们呈现在商业计划书中。

你还得对比你的业务和其他同行在运作方式上的差别。注意：上文用到的措辞强调了"较小""减少""更好"。

流　程

为了呈现你所强调的差异，你需要描述你的商业项目涉及的运营流程。

以书店项目为例，主要的流程如下：

- 采购

　　——选择书目；

　　——和供应商协商价格。

- 库存控制

　　——在库存控制系统进行登记；

　　——退掉或记录滞销的库存；

　　——定期盘点库存。

- 新店开发

　　　　——联络代理；

　　　　——协商租期；

　　　　——联系律师。

- 店铺设计

　　　　——和设计师、施工队、供应商合作。

- 产品展示和促销

　　　　——店铺展示；

　　　　——选择产品进行促销展示；

　　　　——设计促销物料；

　　　　——策划促销活动；

　　　　——与供应商协商促销赞助。

- 店铺管理

　　　　——建立工作流程和系统；

　　　　——人事管理；

　　　　——员工培训；

　　　　——网站建设；

　　　　——市场渠道开发；

　　　　——库存管理；

　　　　——社交媒体开发。

商业计划书需要对上面提到的要素进行说明，强调项目的竞争优势。除了上文提到的内容，你还可以进一步描述店铺的设计特色，指出你的店铺比竞争对手更加明亮、更受欢迎，而且看上去更为时尚。

或许你的项目和零售业务差别巨大，但你依然可以用同样的方式拆解流程，描述并呈现出最核心的元素。

控　制

在描述公司的运作方式时，请关注运营控制。就上面提到的书店案例来说，你需要讨论下列问题：

- 如何控制库存水平，以确保库存不会大量积压，吞噬周转资金？
- 如何确定滞销或老化库存？
- 如何确保库存合理？例如，畅销书的库存永远充足，而且库存商品种类配置合理。
- 如何监控员工加班情况并将加班费维持在合理预算范围内？

向投资人展示你能控制业务杠杆，这点非常重要。能写一篇无可挑剔的战略文档自然很好，但投资人想确定你拥有知识、体系，而且有能力促成这个项目，并在出现问题时应对得当。几乎所有的商业项目，不论多么成功，都有可能出现问题，计划书的读者最想知道的是你能掌控正在发生的事情，而且能够避免麻烦。

经　验

在计划书中，"经验"应该放在"管理"部分说明。然而，你可能需要在"运营"部分也谈谈经验，以便说明你有能力经营好这个商业项目。如果你和你的团队明显缺乏相关项目经验，你就要重点描述你将如何管理这个项目。因此，你如果要涉足全新的商业领域，就要给出强有力的证据，说明你知道如何进行日常经营。如果你的计划书缺乏重要内容，而且你在后续会议中无法回答投资人一针见血的问题，你的项目就可能会被拒绝。

供　应

对于某些商业项目，供应问题可能需要设置一个单独的板块进行说明，而有的项目则可以将其纳入运营一起说明。供应问题越重要、越复杂，你的商业计划越独特，你也就越要重视它。

无论是零售、批发、代理还是分销业务，供应的重要性都显而易见。不论你只有少数几个供应商还是拥有复杂的供应链，你都需要说明供应的安全性。如果某家供应商扣留货物或者提高价格，你的业务是否会瘫痪？你如何应对这种问题？要是某家供应商倒闭了，你又怎么办呢？相关的成功案例不胜枚举，但你需要说明你将如何应对供应问题。例如，一家汽车经销商可以在首选供应商破产时，转而采纳另一家供应商的产品。

你是否和供应商签订了合同，约定至少在一段时间内保证你的产品供应？如果你的合同并非机密文件，请将副本附在附录中。即便合同是机密文件，你也可以在适当时机给投资人看看。

价格和利润呢？是供应商单方面决定产品的价格，还是你也有协商的余地？

对于线上商业项目，网络服务商是关键的供应商。如果外面修路，挖掘机不小心切断了电缆，你的预案是什么？你的托管网站是否可靠，成本如何？

系　统

对于有的商业项目来说，系统是成功的关键。如果你的商业项目也是如此，你就要在计划书中用大量篇幅对系统进行描述。显然，互联网项目需要详细描述系统。不过，图书批发商也依赖系统——不乏由于计算机系统更新失败而遭受重大损失甚至破产的图书批发商。

对于当今的大部分商业项目来说，你至少要说明打算使用哪种通用的计算机系统，或者描述你选择计算机系统的过程。例如，在连锁书店项目的计划书中，项目发起人列出了三四个现成的专业系统，大概描述了它们对书店的作用以及预测了大致的成本。

大多数公司都有网站，有的用于电子商务，有的用来建立信任、提供信息。请说说你的网站的用途，以及它如何运作、如何进行营销，你将使用哪种社交媒体作为支持，等等。这并不是说你的商业计划书必须包含这一部分，如果你的客户年龄较大且不使用社交媒体，那写这部分内容就不合适。我在这里提到网站是因为许多公司都用网站进行宣传推广，管理品牌和声誉。

位置和环境

对于许多商业项目来说，位置不是问题，而且几乎不值一提。例如，会计公司或者软件公司很少会发愁找不到费用合适的工作场地。但对于零售公司来说，位置优越、价格合适的营业场地至关重要。因此，有许多影响成功的因素：

- 选择好场地的能力。

- 向潜在业主证明承租实力的财力。
- 对好场地的竞争力。
- 与代理商的关系。
- 你的商业项目对业主的吸引力。

一些商业项目的选址也很重要,例如休闲业务和服务项目都需要好的位置。网球俱乐部通常需要和当地政府部门达成协议,以优惠的条款租赁土地。这对商业项目的生存至关重要,当地政府部门也能借此履行其提供休闲娱乐设施的职责。

此外,还要考虑如何获得当地政府的规划许可。对于地产开发商来说,在新码头或住宅建设项目的商业计划书中漏掉有关规划许可的讨论显然是不明智的。当然,其他商业项目也可能需要政府部门的审批,这时就一定要在计划书中讨论相关问题。

关于位置的重要性,可能还有其他原因。有的商业项目需要靠近技术工或者大学城。如果你的项目属于这种,你就要说明你能找到合适的场地。但有的商业项目在条件极差的地方也能正常运作。我们当地有一家花店,店面很小,但由于长期积累的口碑,生意红火,顾客络绎不绝。

监管控制

"运营"部分应包含营业许可的细节信息,例如:

- 规划同意书。
- 环境卫生许可。
- 博彩业执照。
- 酒类经销许可证。

在英国,向公众开放的场所需要具有消防安全证书。这通常不成问题,但也许你有特殊情况,如果这样的话,你就必须在计划书中加以说明。

你是否计划在受规划控制的建筑内营业?如果是,你必须讨论这可能引发的问题。酒店、餐馆或商店开在这样的建筑中可能挺有氛围,但你可能无法获得搭建新楼梯或竖立新标牌的许可。谁会反对你的计划?这对工期或成本将产生什么影响?你怎样获得许可?你是否要聘用专业顾问?

> **练 习**
>
> - 列出你的项目运营的关键步骤。
> - 列出每个步骤的关键特征。

- 针对每个步骤，写下一个促进因素和一个阻碍因素。
- 用几句话总结你将如何最大化利用促进因素以及如何解决阻碍因素。

要点总结

- 详细描述你的项目运营的关键步骤，以及它们的独特之处。
- 记得解释诸如供应、位置、技术工等相关投入。
- 处理控制问题，例如你如何管理运营以及如何应对外部管控。

| 第六章 |

互联网和系统

我在本书的其他章节谈到过互联网和系统（见第四章的"分销"部分），但由于它们太重要，就算会显得啰唆，我也有必要单独为它们设立一个章节。

如今，几乎世界各地的所有业务都要用到互联网，以进行销售、采购、沟通、搜索信息、访问银行服务、招聘、存储数据、提供软件等。你的商业计划书也将谈到互联网，那么你是否需要特设一个板块对其进行讨论？

如果你的核心业务是电子商务……

你需要在计划书中的"营销"和"运营"板块描述你如何开展业务，还需要谈及一些技术性问题。

谁提供并维护你的网站或者应用软件？你是否对其有完全控制权？请看下面的案例：

> 我们收购了一家公司，其运行良好的网站是吸引我们的一个原因，而且我们在申请银行贷款时将其视作一个亮点。我们不知道的是，设计这个网站的第三方承包人在网站中设置了许多链接，并且只有输入密码才能访问这些链接并进行更新，而我们没有密码。所有的运营系统都需要定期更新，但这些链接造成的后果是：要想更新就要费时、费事、费钱。

这里并非要教你如何管理网站或如何收购公司，但这个案例说明了读者可能会问到的问题。同时它也说明，如果你在融资，那你可能需要将计划内 5% 的资金用于解决意外出现的问题：

- 你使用云服务器托管网站吗？
- 你使用什么平台？你的软件是最新的吗？如果不是的话，你打算更新吗？什么时候？预算是多少？
- 如果你的项目需要开发一个新的网站、应用程序或者其他软件，那么其开发时长超出你预估的时长会带来什么风险？所有的连接设备都准备就绪了吗？

> 经验法则：新软件的开发时间和花销比你预想的多。

> X公司收购了一家网站，但提供支付网关的公司断定突然扩张会让其风险增加。他们提出在顾客支付和X公司收款之间设置21天的延迟，这就造成了意外的巨大财务压力。
>
> 你的计划中的各个相关方都准备好了吗？

- 如果你的网站所有者或软件设计者卖掉公司或者申请破产，你怎么办？你有机会接触底层代码吗？
- 对于即将出现的重大监管变化，你是否做好了准备？例如，在写作本书之时，有助于验证信用卡支付的3D安全认证即将成为强制性要求，而这恰恰会让我的公司陷入困境。
- 你是否委派专人管理你的网站或者应用程序？如果你有自己的IT人员，请说明他们的具体工作。如果他们的工作对你的业务至关重要，你还要讨论他们的技能组合。如果你使用外部承包商，你就要在计划书中进行解释，并说明你和外部承包商所签订的服务等级协议的关键内容，例如确切的响应时间。在有人来解决问题之前，你的应用程序或者网站是否会瘫痪24小时？

电子商务不只是电脑、电缆、Wi-Fi

如果你经营的是一家售卖实体产品的电子商务公司，那么你需要管理库存、送货、处理收益、联系快递公司或后勤公司、说服客户同意你的条款等。别忘了在计划书中讨论这些情况。

计算机系统

电子商务是不是你的业务核心？你是否在计划书中对你所用的主要系统的设置情况，包括维护、备份、垃圾邮件过滤、网络安全等进行了说明？你是否准备了足够的资金预算？

- 相应的服务是否准备就绪？如果没有，你是否提供了合理的时间安排和成本预算？你如何确定它们能运作起来？
- 你的员工需要培训吗？

> 收购完成后，我们招聘了新员工，并且针对我们的系统对新员工进行了培训。我们没有使用外部培训师，所以计划书中不涉及相关费用。然而，即便在计划书中不提，你也要提醒自己新员工刚开始都会犯错。我们的新员工起初不能恰当地记

> 录销售额，导致我们无法给客户开具发票，迟了两周才收到现金。

- 你是否有应变措施？例如，如果你的电缆出现连接故障或功率骤降，从而影响你的内部服务器，那么你怎么办？因为修路的包工头经常会切断电源或通信电缆。

> 我们的网络连接曾经因为当地的一个主要连接点起火而被切断。即便我们立即通过移动电话系统建立连接，恢复了工作，还是损失了一天的业务。

- 随着越来越多的员工开始远程办公，你更需要良好的网络安全保护。
- 谁维护你的系统以及网络状态？你的服务等级协议的关键内容是什么？

如果你的系统设置在云上，那么需要的支持可能比托管在实体计算机上少一些，但这并不意味着你就可以高枕无忧，毕竟你仍然要连接不同的系统。请在计划书中对此做出说明……但不要说得太详细。

不要过于详细地描述你的系统是如何组合的，除非它的确非常重要。即便要讲，你也要一笔带过。事实上，电缆、路由器、无线网络、网络连接对业务很重要，如果它们总是出故障，就一定会拖你的后腿。在计划书中用一个短短的段落就能告诉投资人你清楚自己在做什么，从而增强他们的信心。

| 第七章 |

管理

研究发现，投资人在评估商业提案时考虑的最主要因素是项目的管理团队。

一个好的管理团队可以在市场环境和行业不景气的情况下创造奇迹，而一个差的管理团队即便在蓬勃的市场上也难以存活。

（风险投资人）

你的团队就是投资人要支持的团队，你们能创造奇迹。所以，给读者讲讲你们的情况，推销自己，列出你们的背景亮点：

- 你有哪些与此业务或项目有关的经验？
- 你具备哪些与此业务或项目相关的技能？
- 你的团队有什么弱点？你将如何解决？
- 你怎样证明过去的成功？

请简要地介绍顶层管理团队中的每个人,包括他们的年龄、相关学历、专业资格、行业经验、职责、以往工作亮点,以及他们持有的公司股份(如果有的话)。

请写下每个人的成就并着重强调他们的职业生涯发展过程。就当前工作或将要承担的工作而言,他们有哪些相关的经验、资格和优势。

> 约翰·史密斯(41岁),理学学士,资深特许公认会计师,2005年加入公司担任财务总监。他在2001—2005年担任琼斯联合公共有限公司的集团财务总监,直到该公司2005年被美高公司收购。在琼斯公司,他负责所有财务报告,并深入参与了2004年的1.2亿权利股发行工作,且是投标答辩团队的成员。他曾在斯特隆森公共有限公司下属的一家营业额达7000万英镑的机械承包子公司担任了两年的财务总监,在此期间,他主持了一个新的计算机和会计系统的安装工作。

此外,请将更为详尽的个人履历放到附录中。注意:每个人的简历长度不能超过一页,但要详细介绍他们的教育背景、工作背景、工作职责和工作成就。

有些企业家太清高,不愿意推销自己;他们只提供简单的背景信息，却很少提供具体事实。这必然会让投资人有所警惕，认为他们有所隐瞒……尽管这种警惕可能并没有必要。这种态度可能不会影响最终的成功，但你何必自找麻烦。你主动提供的故事越精彩，你就越能先发制人，创造更好的印象，少受一些质疑。

面对融资人时，投资人有一种倾向，我称之为"亚历山大大帝"综合征。不论是初出茅庐还是经验老到的投资人，都受它困扰，他们倾向于"支持那些曾经'做过'的人"。因此，如果他们要考察亚历山大大帝，决定是否支持他创业，他们就会想知道他对于征服世界有什么经验。显然，这是一个可笑的要求，而且亚历山大大帝早知道如何应对那些提出这一要求的人。但他确实是子承父业，根本无须参加面试，而你没有这么强势的背景。如果商业投资人仅仅支持那些曾经做过的人，那么投资风险可能会降低。但事实上，也有很多人在没有任何经验的情况下创办了非常成功的公司，他们同样有人支持。因此，你必须用商业计划书说服读者：

- 你有相关的经验——即便不完全相同。
- 你有适用的经验。
- 你和你的计划令人印象深刻，即便缺乏相同、相当或适用的经验，你也会取得成功。

不要责怪别人不支持你，而要责怪自己没能说服他们支持你。

仔细想一想什么是适用的经验。许多人认为，经营小公司的经验不适用于经营大公司，反之亦然。

> 朱莉安·梅特卡夫和辛克莱·比彻姆在伦敦创办了一家名为 Pret A Manger 的三明治连锁店。他们是测量行业出身，因而没有相关经验。事实上，他们创办的第一家店起初并不成功。他们花了一些时间完善想法，在能够证明这个项目的发展潜力之前，他们用的基本上都是自己的积蓄。直到项目初步取得成功，他们才筹集到大量资金用于扩张并取得了巨大成功。

然而，有像比尔·盖茨这样能融到资金创建微软公司的成功者，也有很多同样的潜力股无法融到资金。你有能力说服合作伙伴和投资人加入你的公司，但你必须做好准备推销自己，大声说出你的成就和能力，让人们认可你个人或者你的团队，从而力挺你们。

如果你的个人职责并非显而易见，你就要向读者解释，例如：

> 彼得·威廉姆斯（52岁），常务董事……直接负责对

ANB 的销售工作……

艾伦·沃特（37 岁），营销总监……与彼得·威廉姆斯在营销战略方面密切合作，并协助他处理与 ANB 的关系……

人们对投资由一个人说了算的公司心存怀疑。尽管如此，许多公司实际上都由一个强大的个体所驱动，尤其是在发展早期。这一两个核心人物会不会超负荷工作？如果某个核心人物生病一周，那么公司会怎么样？整个公司会不会陷入停滞？

你要向投资人展现一个可以独立应付日常问题的高效团队。大多数风险投资公司都不愿意支持一个一人独大的公司。

> 我曾收到过一家出版公司的创业方案。这家公司由一位有相关经验的人牵头。不幸的是，它不适合我们……谁会因为一个人的判断而把所有的钱投进去呢？
>
> （风险投资人）

你可以试着找个合作伙伴或者在适当时机找个成熟团队，以便提前避免这个问题。

风险投资人会向融资人以前的商业伙伴寻求参考意见，考察他们要支持的管理团队。和你之前的商业伙伴打好招呼，确保他们的说辞能为你锦上添花。

乔提供了两个前同事作为推荐人。这两人都提到他对细节关注不足,而且其中一个人的语气非常不友好。他原本应该找其他推荐人或者想办法弱化这些差评。他应该在计划书中强调他的合伙人皮特会负责细节性的日常问题,或者坦诚表示他自己并不是一个注重细节的人。至少他可以把我们关心的事情摆出来,打消我们的疑虑。我们拒绝了他的项目,当然没有向他说明原因,而他也没有机会为自己辩解。

(企业财务顾问)

不论做什么项目,你都不要隐藏履历上的瑕疵。大多数人都有过不光彩的失败经历,它们终会暴露,为人所知,你如果明显有意掩饰,就可能会搞砸项目。商业交易的基础是诚信。投资人愿意相信你,但如果他们觉得你不值得信任,他们就会随时退出,哪怕是在最后关头。他们宁愿此时损失1万英镑,也不想把50万英镑投资给不值得信任的人。

关键差异

事实上,许多商业项目实现成功的方式和最初的计划并不相同。情况会变，市场会变，结果总是计划再好也赶不上变化。没关系，只要管理团队足够优秀，能够驾驭这些变化并且调整计划，他们最终就仍然能取得成功。

我在商学院读书的时候，研究过日本摩托车制造商是如何征服全世界的。那些被大肆鼓吹的日本人的美德让人印象深刻，尽管人们最终发现他们并没有过人之处。事实上，他们最初的想法并不奏效，但他们的聪明之处在于对新的想法持开放态度，在发现意外情况时能及时自我调整。

所以，计划书最重要的作用就是向读者证明你有多好，表明不论发生什么你都会成功。据调查，所有风投人都认为最重要的是项目的管理团队。他们首先看重的是人，其次才是创意。

必备技能

经营一家企业所需要的技能因业务的不同而有所差异，但基本包括以下几类：

- 运营类（比如经营日常业务）。
- 技术类。
- 财务类。
- 营销类。

- 人事类。

你应该在计划书中对上面的每一类技能（以及你的业务所需要的其他技能）进行描述。例如，如果你的项目对公共关系和广告有特殊要求，你在计划书中就必须说明谁负责这些问题。如果你打算外包，你就要详细说明哪家机构承接这项任务及其承接条件。如果你还没有想那么远，那么你至少要说明你打算如何解决这类问题。你提供的信息越详细，你就越有把握做好。

你的团队可能有软肋。你可能缺个会计或者营销人员，你或许需要一个IT专家。不论你缺什么，都有解决办法：你需要解释你将如何填补空缺，以及打算什么时候去做。解决这些问题的办法可以是招聘、培训、外包或者改变组织架构。但要记住，投资人在看完你的计划书后可能会约见核心员工——他们可能会发现你的弱点。所以，在他们提问之前在计划书中解决这个问题。如果你不知道该怎么办，至少要强调你的需求，说明你清楚这个问题需要找个合伙人，你们可以共同解决问题。

组织架构

请用图表呈现实际或拟定的组织架构。显然，非常小的公司没必要这么做。很多小公司在成立之初只有一个总经理，而没有其他关键人员。不过，你提出的商业项目越复杂，你就越需要说明整个项目的人员如何关联、运转。

请展示你的组织架构（见图 7-1）。你们是一个团队，也是一个组织，你必须展示他们的能力。同时，展示组织如何运作并解释与之相关的内容。你要通过提供某项业务所雇用的员工人数，来说明管理人员的责任和级别，并证明人员比例合理。

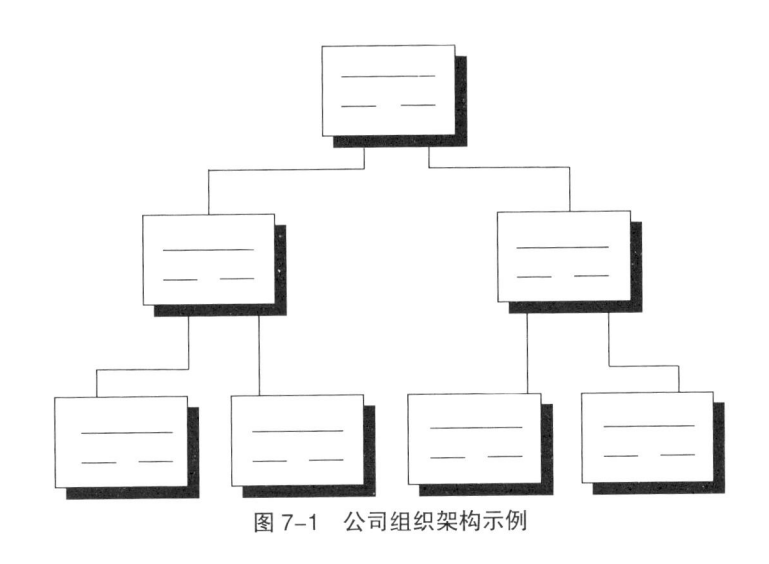

图 7-1　公司组织架构示例

几年前，我做了一份上市文件，旨在说明我所供职的公司的经营状况。在这个过程中，我发现有一个部门主管直接管理的人员至少有 14 个。我们的投资人如果看到这种情况，一定会被吓到，因为这远远超过了一个人能有效管理的人数上限。我们很快将这个架构图从文件中去掉，而且意识到我们需要解决这个管理问题。

招募到优秀人才只是成功的一半，你还需要一个高效运作的团队。

展示控制

你没必要总是在计划书中展示你对公司的控制，在"管理"或其他板块略加提及即可。然而，大多数情况下，你需要通过计划书让读者知道你很了解自己所做的事情而且能够掌控公司。对新公司来说，这尤为重要，因为它们面临着快速发展和变化。如果公司合伙人在管理公司方面有失败的历史，那么这个部分更是必不可少。

什么是控制？它指的是能够准确、及时地掌控公司的财务和运营信息，并以此为依据做出决策。控制一个企业所需了解的最基本信息是其目前和未来的盈利能力与现金流。虽然这只需要用一句话来说明，但它的计算过程往往很复杂而且容易出错。"及时"这个词也非常重要；有些企业需要每季度或每月的数据，而有些企业可能需要每周甚至每天的数据。

我在几年前经营过一家零售公司，我的团队认为每个分店必须每天两次通过电话汇报销售数据。现在，我们可以得到实时销售数据，我可以在家里上网查看这些信息，我的同事可以用手机查看这些信息。我们能掌握每日现金余额和银行提供的线上账户报表。此外，还有销售汇总表，可以用于对比各部门当前任一时期和前一时期甚至上一年的销售情况。我们能够掌握分店的每周库存数据和银行数据。在每个月末，我们可以在三周内获得详细管理账目。

在"管理"板块说明团队有会计和擅长企业管理的人，也许更好。如果他们的能力足够强大，那么投资人将感到满意，因为他们相信融资人知道如何控制企业。然而，个人的能力和经验一定要和企业的需求相关，而且必须匹配投资人的期待。你如果无法满足他们的预期，就必须说服他们接纳你的观点。你在计划书中是否提及了你们拥有行业的一手经验？如果没有，你就应该在计划书中表明你们清楚企业中的哪些关键因素需要控制，以及具体做法。投资人通常认为大公司的高层管理经验与运营小公司需要的较为琐碎的日常管理经验不相关。投资人想要知道拥有大公司背景的财务主管是否有能力且愿意处理小公司那些无聊且乏味的工作——因为他们凡事都得亲力亲为，比如打发票、接电话、追债、拖住债权人、与银行打交道、煮咖啡、与电脑供应商联络等。你过去的经验与这个商业项目的相关性越小，你就越需要在计划书中花篇幅告诉读者你了解自己所做的事情。

我曾和一位老友一起收购了一项他曾经营过的建筑商的业务，但我并没有相关的经验。我写了一份相当完善的商业计划书,但都是从局外人的视角出发的;我当时的财务背景都和大公司有关,而且我没有实际运营经验,但我们要经营的是一家小公司。

意向风投人对此很关切。他们问了我很多细节性的问题,例如我们如何管理公司业务,我们将使用哪些财务报表,我们如何计算利润,等等。由于缺乏直接的经验,我并没能完美地回答所有问题,结果可想而知,投资人拒绝支持我们。

后来的经验证明,我本来可以快速了解一些必要的内容。但事实是,在投资人需要被说服的时候,我没能说服他们。如果我在商业计划书中提到"控制",那么我可能会对他们提出的问题做足准备,或者我至少会心里有数。

计算机和互联网在现代企业中发挥着关键作用。它们能快速提供各种各样的信息,而这项工作在以前只能通过雇用大批文书人员来完成。如果计算机系统决定着企业的成功,特别是新企业,你就必须对其进行解释——你是购买软件还是自己开发软件?谁对它们负责?举个例子,对于一个新的零售项目而言,计算机系统虽然不是业务的核心,但能在控制现代化的连锁店业务中发挥关键作用。请记住,投资人对涉及新软件开发的计划书持怀疑态度,这无可厚非。经验表明,新的系统经常迟滞、超出预算并且不能正常工作,甚至根本无法使用。你需要对此做出解释,让投资人安心。

控制非财务信息

"控制"还指掌控运营信息,例如掌握有关库存数量、库存时间、库存种类和库存位置的数据,以便满足客户的需求。

作为零售商,我的团队会监测店铺外的客流量和进店的顾客数量,并持续记录两者比率的变化。我们观察交易量占客流量的百分比以及平均交易额的变化趋势,也观察单笔交易售出的货物数量,试图了解背后的原因,并思考如何改进关键措施。根据观察结果,我们在柜台旁边放置了卡具以引导排队的顾客,同时陈列货物以刺激消费;结果,单笔交易售出的货物数量增加了。电子商务公司关注的是类似数据,比如网页曝光量,甚至要观察访客关注的是网页的哪个部分或哪个产品。请在计划书中讨论这些关键因素,以展示你对市场和业务的理解。

注意:如果你只是在计划书中机械地提及这些内容,而自己却对其一知半解,那么你可能会让自己陷入困境。例如,一家线上时装公司的老板要求营销经理增加推特的粉丝量,却不知道这是否有助于提高销售额,或者他们的付出是否值得。如果他写了一份计划书,而意向投资人要求他说明这两者之间的关联,那么他很可能会下不来台。

想想哪些因素会影响你的公司的成功,然后向计划书的读者说明你将如何衡量并控制这些因素。例如:

- 如果你的存货很快就会过时，请说明你将如何控制库存时间以及如何处理过时存货。
- 如果你所处的行业存在员工或顾客偷窃的问题，请说明你将如何处理。
- 如果库存水平很重要，你将如何控制？谁负责采购新库存？你又如何管理他们？

管　理

库存控制

几乎所有行业都关注对库存和工作进展的控制，而不仅仅是制造业和零售业。在知识型企业中，投入项目的时间就相当于库存；在建筑行业，库存就是进行中的工程或者已完工但尚未向客户开具账单的工程。

你需要知道你有多少库存，你需要多少库存，以及你的库存需要多长时间才能变现。这些可能是与企业生死攸关的问题。要做到这一点，你必须有一个能定期报告库存的数量和种类的控制系统。你是否有资金被套牢在滞销或者根本卖不出去的库存上？你必须在计划书中说明你知道如何解决这些问题。

> 在零售业务中，我们在每月结束后的三周内会拿到关于库存量的月度账目。此外，我们还有一个非正式的不太准确的每周汇报系统，即门店负责人会估算他们有多少库存。乍一听，借助这两个系统似乎就足以掌控公司的运营情况。然而，供应商赊购给我们两个月的库存。因此，即使我们的门店瘫痪，从今天起停止采购，在接下来的两个月我们依然要向供应商付款。在紧急情况下，我们需要向供应商支付费用以让他们收回库存——我们需要在商业计划书中说明这个情况，以展示企业的弹性。

如果你是会计师、咨询师或者律师，在突然发现可能无法向客户收取足够的费用来弥补你所付出的努力之后，你如何控制在工作上所花的时间？作为零售商，你如何确保你能处理好你的滞销库存？

> 作为一家机床企业子公司的代理财务总监，我必须迅速学习，不仅要了解业务，还要了解会计系统的运作方式。几周后，我在查看一些账目时，发现很多费用被用到了一种正在开发中的机床上。我对此提出疑问，然后一个问题引出另一个问

> 题，很快整个事情就水落石出了。前任财务总监一直在给这项工作拨款，以避免在账目中申报，而现在这项花费的总额已经超过了机床的收益。这么做的结果就是这些机床全部做了报废处理。

简单的控制系统可以确保这种事情不会发生，而这本应该在商业计划书中做出解释。

员工管理

你的员工对公司的成功是否重要？如果你从事服务业，那么你需要积极主动的员工，他们能很好地理解客户需求，拥有强烈的服务意识。你如何招聘、培训、激励、评估以及留住你的员工？我有一个朋友是一家成功的呼叫中心的首席财务官，他向我说他们是"跌跌撞撞走向成功的"。然而，他们如果一开始就能配备专业的人力资源系统，可能就不会遇到那么多的磕绊了。员工管理在商业计划书中经常被忽视，这是错误的。

在后疫情时代，你的员工比任何时候都重要。人们的注意力已经从企业的财务状况转移到能造就奇迹的人身上。谁是你的关键员工，他们有什么技能？你是否能给他们足够的报酬来激励并留住他们？你能否很好地管理他们？他们是远程工作吗？如果你不得不换人，那么这容易吗？

> **练 习**
>
> 你的商业项目需要哪些技能？
>
> - 拿出一张纸，在中间画一条竖线，在左侧列出你的团队的优势和能力，在右侧列出弱点。
> - 对于弱点，请写上几个词，解释你将如何解决这些问题。
> - 有没有你不确定的方面，比如计算机技能或应对工作压力的能力？你将如何处理这些问题？

> **要点总结**
>
> - 人们会支持这样的管理团队：
>   ——能够展示自身能力并知道如何处理弱点的。
>   ——能够解释自身是如何协作的。
> - 展示你对企业的控制力，包括财务和运营两方面。
> - 准备好回答细节问题。

| 第八章 |

项目提案

项目提案就是你面向投资人做的推销演说。

解 释

请简单明了地解释以下内容：

- 你要做什么?
- 你打算如何做?
- 你打算在哪里做?
- 你打算什么时候做?
- 你为什么会成功?
- 你需要什么来推动这项计划?
- 你将提供什么回报?

章节标题的安排为项目提案搭建好了展开的场景。在这里，你要清晰明确地汇总你的理由，有说服力地提出你想要读者做什么。

提 议

提议指明的是你要做的项目（做什么）、行动时间（什么时候做）以及具体方式（如何做）。项目原因（为什么做）通常不言而喻——为了创建一个盈利的公司。但是，如果你的企业还有社会目标，你就要在计划书中进行说明。根据具体的商业项目，如果公司的地理位置重要的话，你也需要在计划书中说明你在哪里营业。

明确说明你打算做什么，不要长篇大论或者含糊其词。写明你的目标，以便读者对它们的达成心里有数。

目标应该具备以下特点：

- 清晰。不要设定含糊不清、模棱两可的目标。读者需要知道你想要达成的确切目标。措辞中不能使用让人困惑的词，例如"也许"。
- 可达成。不要设定"成为行业引领者"这种目标，读者会认为这种目标是天方夜谭。最好设定一个切实可行、不那么宏大的目标。

- 可衡量。务必对目标进行解释,这样在目标达成之时,你才能心里有数。例如,"被视为行业领袖之一"这个目标就过于模糊。被谁视为?你如何知道目标已达成?相比之下,"建立 4 家分店,占据伦敦地区 25% 的市场"这个目标就可以轻松衡量。如果你最终开设了 5 家分店,占据了 35% 的市场份额,那么你显然超额达成了最初的目标。
- 有用。在之前的例子中,投资人可能会问"那又怎么样呢?"。仅仅"成为行业引领者"能带来什么好处?
- 有时限。明确目标的达成时间至关重要。如果你提出要占据 30% 的市场份额,却没有给出具体的时间节点,那么读者会心有疑虑。如果你设定了一个不切实际的时间节点,那么你可能会失去读者的信任。

下面的优秀案例满足上述所有要求。

> 我们打算 2006 年 6 月在南加利福尼亚州开一家工厂,组装由印度进口的制糖设备,并以低于当地竞争对手 20% 的价格销往墨西哥和加利福尼亚的市场,在 2008 年 12 月底之前占据 25% 的市场份额。2008 年的营业额预计为 2000 万美元。该商业项目将在 2007 年实现收支平衡,并在 2009 年实现 20% 的投资

> 回报率。
>
> 　　该项目所需的投资金额为300万美元，其中包括100万美元的应急资金，以应对发展速度低于预期的风险。100万美元将来自印度银行提供的四年期贷款。另外，我们将以股权形式投资100万美元，并寻求投资者进一步认购100万美元的股份，加入我们的行列。

你为何会成功

　　请清晰地陈述为什么你和你的团队能取得成功，这是项目提案最重要的内容。你们在产品、入局时机、分销、定价、合作商、市场方面有什么独特之处？读者希望看到你们有别于他人的地方，以及让你们优于他人的特殊之处。

　　假设你们并非独一无二，假设你们和其他十几个团队要做同样的事情，如果你能另辟蹊径传达你们的愿景或者至少说明市场还有发展空间，你就依然能够说服你的读者。至少，他们会支持一个让人印象深刻、拥有确定的商业理念的团队。你需要让投资人相信你拥有优秀的团队。

　　例如，一个团队在死气沉沉且过度饱和的图书市场开了一家新的连锁书店，但他们提出了与竞争对手不同的愿景——以客户为中心。此外，他们联合了一个贸易经验丰富以及各种业务都做得很成功的团队。

曾经有一个做担保交易的人让我为他的商业计划书提些建议。他的公司为二手车购买者提供担保。他既不能拿出任何证明他与众不同的证据，也不能解释他为什么会成功。他唯一的说辞是：给我投资，我就能扩大业务。他的公司并不赚钱，管理团队也只有他自己，而且市场竞争激烈。仅仅增加投资并不能保证这个公司的成功。花在广告和促销上的钱也不一定能带来足够多的业务，以弥补增加的成本。

表明需求

关于商业计划书还有一件怪事，那就是人们通常会在撰写计划书时付出大量精力，却并不提出需求。这有点像是推销员吸引来了顾客，却不说自己卖的是什么或者需要花多少钱。你能想象白马王子忘了向睡美人求婚吗？你得非常明确地说出你需要什么，什么时候要，并且提出要求。请谨记，书面计划只是项目提案的一个元素。一般情况下，你还有机会向计划书的接收人口头提出或者通信表明需求，虽然情况并不总是如此，但请务必再次抓住这个机会。

有些人很认可他们向投资人提出的条款，他们也能明确地告诉投资人他们会提供什么。这么做可能会招致一个直接的"是"或"否"的回答，因此请一定留出讨论和协商的余地。记住一条规则，即你的业务预测应该以营业利润（去掉除利息外的所有支出）为终点；让投资方来处理财务结构和适用的利率问题。

如果你需要 30 万英镑外加三年期 20 万英镑的银行担保，你就说出来。你没必要给出具体的投资方式，例如股份和债务分配以及具体的条款，因为一定有人和你的想法不一样，你甚至可能得到比预期更好的条件。因此，请为谈判留下灵活的讨论空间。

在投资方投资项目几个月后，再去要更多的钱并不容易，所以不要把你的需求压缩得太低，只向投资方提出最低预算。另外，也不要提出明显超出需求的投资要求，这会损害你的信誉。留出足够的应急资金，用来应对项目发展超出预期或者不如预期的情况，而且扩张也要花钱。

请在商业计划书开头的概述部分就不断重申你的需求，确保读者翻开第一页就能清楚你想要什么以及他们为什么应该支持你。例如：

> 现金预测显示，开业后 6 个月内的最大现金需求为 58 万英镑。这主要是因为资金支出的延迟支付，对此我们进行了协商。考虑到需要 10% 的应急资金（保守估计），投资需求为 75 万英镑。

可以通过以下方式进行融资：

现有董事	20 万英镑
商业投资人	10 万英镑
酿造厂贷款	15 万英镑
小计	45 万英镑
所需投资	30 万英镑
总业务需求	75 万英镑

因此，我们需要 30 万英镑的投资。

预计该业务从开始运行就能产生现金流，且原始投资将在三年内得到回报。

你的投入

你如果要为现有商业项目融资，就要说清楚已有的股份分配以及投资人情况。你应该已经在"项目背景"部分解释过项目的当前情况。

你还要说明在下一阶段有什么人投资，以及他们的投资金额。如果管理者和他们的家人、朋友在项目中投入了大量资金，投资人就一定会有所触动，这样的事情请广而告之。当然，换个角度来看，如果你想让别人为项目的进一步发展投资，而自己却一分钱也不出，投资人就一定会犹豫。

钱并不是能够投入的唯一东西。如果你有专利产品或者你已经拿着微薄的薪水工作了 6 个月，并且即便不拿工资也依然愿意再坚持 6 个月，这些也是投资。虽然它们不会在账目里体现出来，但你可以要求零成本或以比其他投资者低的价格认购新股来体现你的投资。你可以把这项投资告诉你身边的所有人。

然而，不要试图高估你的贡献。你会发现，这样做会把投资人吓跑。不要给自己开高薪，这也会让投资人望而却步。

所有这些都与项目提案有关，读者会把它们视为整个交易的一部分。

二轮融资

许多商业项目会进行二轮甚至多轮融资。虽然这常常不在计划之内，但在最初的计划书中提到这种可能性的情况也并不罕见。你可以这样表述："如果销售目标超额完成，我们明年会进一步融资，以实现更快的扩张。当然，融资条款不会比本次融资对投资者更慷慨。"如果你确实想进一步融资，那么在一开始就提出这个打算可以化解潜在投资者的不满。

但是，这种说明一定要把握分寸和理性，不要被宏大的幻想冲昏头脑，不要说出"大规模融资势在必行"之类的断言。

达成协议

达成协议所需的最后一个要素就是许诺给投资人的回报。他们会得到什么？是直接的财务回报，还是借此向政府机构提供社会福利，抑或和经销商建立长期的贸易伙伴关系？不论回报的形式如何，商业计划书的意义就在于为投资、贷款、交易协议、许可等提供回报。

请达成协议。你已经解释了项目情况以及它为什么能够获得成功，并且向投资人提出了你的需求，现在你要明确告诉投资人他们会得到什么回报。

退 出

投资人拿到的回报可以有不同形式：股份分红、贷款利息、公司其他业务的交易红利、董事费等。但对于入股投资的人来说，主要的回报源于在未来某个时点卖掉股份。即便分红本身带来的回报足够可观，投资人依然希望将来能够自由灵活地卖掉全部或部分股份。你往往需要告诉投资人如何卖掉股份。大致有三种方式：

- 股份转让。

- 发行股票。
- 分批出售给第二阶段的投资人。对于小企业来说，拉人入伙也属于这种方式。

股份转让是投资人最可能选择的退出方式，因而你最好告诉投资人股份转让是可行的。你不需要确定好买家，除非你足够幸运，胸有成竹。

小企业夸大其词地鼓吹上市并不会获得投资人的青睐。虽然这有可能实现，但并没有多少企业能达到这种规模。这种话听起来像是在"画大饼"，会影响企业整体的可信度。

相比之下，分批出售更为可行，因为当项目有成功的迹象，需要进一步投资时，更多的投资人就会加入进来。

记住，在讨论退出方式时，你要提出一个时间框架。例如，大多数投资基金希望在3～5年退出。

练 习

把自己想象成投资人，思考他们能从这项投资中得到什么回报。

- 贷款——多长时间，利息是多少？根据预测数据，你的项目能负担得起这个回报吗？
- 股份——你愿意提供几成的股份？现实点讲，什么时候可以出售股份？如果股份以年利润5倍的价格出售，投资人能获得多少回报？谨记，虽然50%的回报听起来很高，但如果需要10年才能达到的话，那么每年的回报率还不到5%。

要点总结

- 给出清晰明确的项目提案，包括是什么、怎么做、在哪里和什么时候。
- 向投资人提出需求。
- 明确你能提供的回报。
- 避免表现得太贪婪。

第九章

预测

严格来讲，预测属于财务问题，应该出现在财务板块，但由于它太重要，因此本书为它设立了单独的一章。预测是整个计划书的核心。它会告诉读者业务的发展方向，不仅仅是今年或明年，而是更长远的打算。它以数据形式描述商业项目的发展潜力、你的假设以及假设变化的敏锐度。它向投资者、新成员以及商业伙伴展示你的商业项目的发展潜力，让他们能够基于数据判断你的计划书是否可信。

销售预测

虽然销售预测并不能说明一切，但也差不多。销售预测直接明确，但也会引发一些问题，因此在进行销售预测时，你要按照正确的方法按部就班地完成。

假设你有 A、B、C、D 四种产品，准备分别以 5 英镑、5 英镑、10 英镑和 15 英镑的价格进行销售。首先，你要决定在什么时间售卖什么产品以及相应的售价。这为什么会引发问题？原因大概是所有人都知道这只不过是猜测的情况，不可能准确，而且猜测让人不安。别担心，这种顾虑会在之后得到解决。请首先给出你觉得最准确的推测，然后给出理由，进行解释。

一位创业者找我帮忙看计划书，并且坚持说她的预测数据是基于下列逻辑得出的：如果她花 1000 英镑进行营销，那么她的销售额会在次月达到 2000 英镑。好吧，也许会，但是我难以想象哪个投资人会买账。如果做生意有这么简单，我们早就都成富翁了！正确的步骤应该如下所示：

花 1000 英镑在 X 杂志购买 4 个月的半幅插页广告，在 Y 杂志购买 3 个月的 1/4 页广告。

这样一来，在每次刊登广告后的当月，产品的销量为：A 产品 100，B 产品 100，C 产品 200，D 产品 250。

销售收入为：

A × 5 = 500 英镑

B × 5 = 500 英镑

C × 10 = 2000 英镑

D × 15 = 3750 英镑

　　　= 6750 英镑

你的预测可能是：在次月获得该月收入的 1/4，再下一个月获得这个数字的 1/8。你可以用这种方式按月预测你的收入。你或许会花钱做电台广告、邮件促销或谷歌广告，那你就要说明这些广告带来的回报。之前投放广告的经验可以帮助你预测销售额。如果你的项目上个月从广告中获得了业务，那么你就可以预测下个月的情况与上个月差不多——随着你们在市场上的知名度逐渐提高，销售情况可能表现得更好。此外，如果你使用多种广告媒介，那么你可能会发现它们相互促进。

解释你为什么能达到某个销售额，而不要只是断言你能做到。你是在努力说服投资人。许多计划书都败在了这个关键阶段。

我的客户想要聘用几个销售经理，却不能提供任何证据说明这对业绩有促进作用或者能很快提升业绩。我努力劝她先试着只聘请一个销售经理，从而提供一些证据打消投资人的疑虑。但她坚持要在初次预测中展示聘用销售经理能立即增加销售额——这不太可能。我聘用过销售经理，清楚他们需要时间去了解业务，进行客户预约并且研究出合适的话术。即便如此，成功约见也并不能总是马上促成交易。对于大额交易，客户需要考虑预算以及同事的意见，或许还需要获得董事会的批准。就算我对此不以为然，选择支持她。然而，即使销售人员很快就能开始高效工作，他们联络的客户也不一定会马上购买。

当你基于证据展示了月度销售额之后,你就可以预测一下发展情况,但也要辅以解释说明。你将拿到一些重复业务、一些转介绍等,整体经济环境也会出现通货膨胀和增长。你可以计算这些因素将带来多大贡献并说明具体的时间,看看你所预测的增长是否合理。

用表格按月展示你的收入,你就能得到一份销售预测。在此基础上,你可以搞定利润和现金流预测。接下来,你需要考虑成本问题。

成 本

计算成本和预测销售额所用的方法相同,只是在这里你需要处理的是一个框架。

成本的主要类目通常有:

- 直接成本或销售成本。这些成本是在准备产品时直接产生的,例如材料成本、生产成本、劳动力成本以及一部分与此直接相关的日常管理费用。
- 分销费用。如果发货费用、佣金或销售代理费用占比较大,你就要单独列出。
- 员工成本。请详细地由下至上进行分析。有多少员工?需要支付多少工资？不要忘了个人所得税，以及病假和节假日等保障性支出。

- 不动产。包括租金、服务费以及财产税。
- 日常管理费用。包括与产品售前准备没有直接关系的公共事业费和服务费用，比如邮资、文具费、水电费、专业人员服务费用等。
- 折旧费。这项费用可能有些复杂，你需要会计师的帮助。
- 金融费用。包括利息，但不包括偿还贷款的费用，也不包括应纳入日常管理费用的银行费用。

五年期预测

五年期预测相当有用，可以当草稿纸，你无聊的时候也可以把它做成纸飞镖，还可以把它揉成小球往垃圾桶里投掷。

平心而论，有的行业将来有可能让长期预测的准确度接近50%。当然，你有必要展示项目的未来发展方向，以及如果一切发展顺利，情况会如何。

投资人的确想要知道如果项目进展顺利，他们能赚多少钱。所以，在计划书中呈现预测数据无可厚非。重要的是，保证你的预测真实可信并让投资人心里感到踏实。

你可以设置一个小板块呈现这些预测信息，简单概括未来

1~3 年的情况预测。仅仅在有充分证据的情况下提供五年期预测，例如制订让公司在 5 年内上市的可行计划，或说明如何在 5 年内还清债务。你最好展示令人信服且印象深刻的 2~3 年的发展前景，而不是给出一大堆不着边际的数字。

请始终把过去的交易情况总结和预测数据用统一格式放在一起，以便读者对比过去和未来的情况。不要让读者费力翻找文件。

例如：

		实际		预测	
	年份	1	2	3	4
销售额（英镑）	产品 1	100	120	130	130
	产品 2	<u>0</u>	<u>0</u>	<u>20</u>	<u>40</u>
		100	120	150	160
总利润（英镑）	产品 1	20	20	25	30
	产品 2	<u>0</u>	<u>0</u>	<u>5</u>	<u>10</u>
		20	20	30	40

请将前两年的详细数据放在附录里。没人会相信一份 5 年的详细支出分析预测。如果真有人想看这种细节，那么你可以根据要求提供。当然，概述一定要可信。如果关键比率，比如日常管理费用与销售额的比率在两年之间有明显的变化，你就要说明

原因。

预测是展示即将发生的情况及其发生原因的工具，因此你要解释数据背后的原因，不要让读者费力地寻找细节。如果有相关信息，你就把它解释清楚。数据预测正是为这些信息提供证据的。例如：

> 预测表明，随着营业额的增加，利润将迅速上升。这是因为日常管理费用不会像营业额那样快速增长。具体原因请参见……部分。

检查计划书

这些数据都意味着什么

有的人在计划书中对数据几乎只字不提，或者对提出的假设不做解释。还有一些人摆出大量数据，比如五年数据、利润表、资产负债表和现金流预测等，但往往对这些数据不做解释。这两种做法都会招致失败。

对数据缺乏清晰解释的一个原因是，写计划书的人自己也没有想清楚。事实上，想明白你提供的数据代表着什么，这是一条必要的原则，你必须对自己的计划了如指掌。你和潜在投资人的初次会面并不会是你第一次被问到:"从预测数据看,你们的毛利率呈现逐渐下降的趋势……似乎和改变销售组合没有关系……"

记住,你是在讲故事,要努力把它讲得清晰明了。不要让读者花好几个小时分析你的数据,而最后得出的还可能是对你不利的错误结论,糟糕的是,你可能没有解释的机会。例如:

> 根据预测,毛利润到第四年时会由起初的60%降到约35%。这是由于代理商促成的销售额的利润较低,详见第三部分。然而,我们预留了5%的利润缩减空间,以应对市场扩大带来的竞争。

请说明销售额和销售成本是如何按产品划分的。例如,如果你的企业生产扫帚和拖把,而这些产品的利润率差别很大,那你就要说明每种产品的销售额是多少,以及每种产品的预期利润是多少。

敏感性

敏感性分析是对实际情况稍稍偏离预期时所发生的变化的分析。这使用电子表格就可以轻松完成,所以当进行敏感性分析时，你不要一个一个去做。你如果太过乐观，就可能高估销售额而低估成本，同时低估拿到政府批准所需的时间。事实上，各种各样的问题都有可能一股脑地出现。你可以把可能出现的问题梳理一遍，看看你的商业计划书是否完善，但不要以为在发现问题时你可以放任不管。例如，如果你能计算出销售额增长放缓的结果，那你就要提及应对措施，比如减少生产人员或削减广告预算。

即便你不擅长使用电脑和电子表格，你仍然可以做一些粗略的计算。你不用非得是个会计师——做些简单的计算就够了。

> 我所敬重的一位企业家发给我一份关于新运输业务的商业计划书。起初，我好奇为什么他自己明明有钱支持这个项目，却要找银行投资。预测显示，股东的回报惊人。然而，在认真阅读完计划书后，我发现如果营业额仅仅比预测的低15%，企业就会遭受巨大损失，所有银行贷款也都会打水漂。
>
> 显然，这个风险太大，这位企业家无法一人承担，所以他想让银行一起承担风险。但银行家们也不傻，他们能够发现这个问题。
>
> （企业财务顾问）

为什么要主动暴露项目提案中的问题呢？因为读者一定会看到问题。如果你亲自做了计算，你就是有备而来。如果你没有计算过风险，你的信用就会受到质疑。你自己说明问题，可以避免读者得到错误的答案（这对你不利），而且你还能为自己争取到解释的机会，说明为什么不可能出现意外情况以及你如何应对意料之外的问题。

我们都很健忘，尤其是当交易或者价格在一段时期保持稳定时，就以为情况会一直如此。然而，交易环境、价格或者技术经常突然出现重大变化，比如能源价格在过去的40年中至少暴跌了三次。因此，你需要在计划中验证这些关键的假设。

固定成本通常可以在必要时缩减。如果交易惨淡，你就可以裁员，虽然在业务好转后你需要时间重新增补员工。营销成本对促进业务至关重要，但如果营销支出和销售额增长之间的反应周期过长，这项成本就可以缩减。为了保证生存，可以先牺牲一下发展。

在上述案例中，该企业家可以使用一个简单的解决办法。如果销售额在4个月内不能达成目标，他就关闭公司，同时第三方担保会保证银行不会遭受任何财务损失。他应该在计划书中纳入这一点。

在检查风险后果时，请选择主要因素进行说明。如果真正的威胁是利润和预测相差太远或者每单位的销售额比预期低，那么谈论增长速度低于预期时会发生什么就毫无意义。请选择：(1)对于计划结果最为关键的因素；(2)最有可能出现问题的因素。

投资人很难相信你的预测，他们可能认为你的销售额会比预期低10%，而成本会比预期高5%。因此，你要尽量在计划书中提供充分的证据，让投资人或借款方相信你的预测。这也是为什么你需要提前告诉他们如果情况不如预期会发生什么。

遗憾的是，仅有千分之一的商业项目能超越预测，而其余项目都达不到预期目标。在你撰写计划书，研究你的商业项目时，你绝对不会认为自己的项目某天会发展得不如预期。这倒是应该的：如果连你自己都缺乏信心，你就更不要指望别人了。然而，请稍稍置身事外，想想情况不如预期顺利时你会怎么办。这样的话，你的企业或许会成为那种起步艰难但终能渡过难关并获得成功的企业，也不会遭遇不必要的失败。应对可能出现的问题的最佳方式就是展示最佳案例、最差案例和预测情况，你可以借此影响读者的想法。

关键假设

并非所有假设都同样重要，有些假设对项目成功至关重要，而其他假设只能对最终利润或现金流产生微不足道的影响。如果把大量时间和精力用于研究仅占总花费很小比例的新项目的能源成本，就是徒劳。

最好把时间投入那些真正重要的问题，比如那些占成本和收入比重大的因素，或者那些出了问题会严重影响项目的因素。为了便于理解，下面举例说明。

约翰为一家名为 Newco 的公司融资，这家公司声称要成为英国零售市场中第一家设在城外的超级商店。他的商业计划书实际上写得非常好，而且解决了大部分关键问题和许多小问题。他写道，各种成本是基于对竞争者的详细分析以及他和同事所做的调查得出的——合情合理。然而，了解这个行业的投资人明显能从细节中看出三个关键的问题：

- 对于一个新概念业态来说，销售额能否达成？如果可以，多久达成？
- 利润率能达到预期吗？
- 新的计算机系统能够按照预期被快速无误地开发出来，而且保证价钱低廉吗？

这三个问题在文件中都得到了明确的解答：

- 对于销售额的假设，约翰提出三条论据：市场是细分的；关于每平方英尺的销售额是保守预测；这个概念在美国已经实践成功。

- 对于利润率的假设，约翰提到他们所做的研究，这可以证明他们能够达成目标。我们有理由认为他野心太大，但可能没必要这么说……"我们对利润率的预测高度自信"这样的论断实际上会将读者的注意力引到假设上，并不能让他们安心，而是会让他们质疑这种说法是否有必要。
- 对于计算机系统开发速度的假设，他在计划书中说系统已经被指定好了。这是计划书最容易受人质疑的部分。大多数人都会质疑创业者快速准确地开发出新计算机系统的能力，质疑系统能否完美运作。因此，明智的做法是给出证据，让读者安心。

暂且不说约翰的假设是否正确，他确实明确指出了关键问题并给出了解答。他没有浪费时间赘述员工招聘、广告宣传或者租金水平等方面的细节。这些因素也并没有被忽略，而是被一带而过，他将主要精力放在了描述关键假设上。

在不必要的细节上花费时间，会占用说明重要问题所需的时间，而且把篇幅用在无足轻重的问题上会让计划书变得冗长，这容易让读者失去兴趣。

请检查你的假设，因为读者会这么做。清晰地陈述你的关键假设并给出证据支持，重要的是要让读者能轻易看懂你的预测。

预测正确无误还不够。更重要的是，假设要清晰明了，这样读者才能跟上你的思路，而不需要借助大型计算机重新梳理你是如何得出结论的。

我最近收到一份制作精美的财务预测报告，其中提到的假设分散在随附的计划书或预测报告的正文中。现金流量表中的数据和利润预测中的数据并非完全一致，而且两者对不上账。更糟糕的是，预测数据被打印在一张三尺见方的纸上。这确实用一张纸展示了三年的数据，但看起来着实不方便，我花了两个小时才理出头绪。好在我和他们站在一边。

（企业财务顾问）

在预测情况概述下面专门设置一个小节来谈论假设。例如：

- 销售预测以 Oldco 销售额的 30% 为基础，因为现有客户声明他们将保持和团队的业务合作。由于新增了 4 个客户，第二年年终的销售额将增长到 50%（参见市场计划）。
- 定价比 Oldco 的当前水平低 5%。我们认为，Oldco 不会以降价的方式回应，而是会增加客户的忠诚度。

切记，要仔细思考我们提出的假设并把它们说清楚，这一点很重要。假设往往是我们不知不觉提出的。

解释要点

例如：

- 2004 年，由于搬迁造成的干扰，公司营业额下降。随着发展恢复正常，这个问题在第二年得到解决。
- 毛利润在过去几年中有所提高。行业常见的目标增长率是 50%，而且由于公司有实力进行批量购买并获得批量折扣，这个目标完全可以实现。

展示关键比率，例如毛利润、员工成本和物业成本占销售额的比率。如果预测数据有变化，你就要解释原因。尤其是创业公司的发起人可能会依赖顾问的建议，但你要自己检查主要的假设，不能盲目依赖他人。

我收到过一份有关休闲业务的商业计划书。在一个似乎对这个领域缺乏经验的顾问的建议下，项目开发商提出融资 75 万英镑。我打电话联系了一些业内人士，他们乐于与我谈谈对这个项目的看法,其中两人还是该行业的主要供应商。

  我发现这份计划书将最重要的假设——设备的使用,描述得非常乐观,但四个业内人士中有三人认为这个假设不可靠。这就影响了预测的可信度。发起人为什么不能打几个电话再次确认一下他们的假设呢?他们本可以像我一样快速发现问题。

(企业财务顾问)

  如果假设的结果让人惊喜,那你就更要给出支持性的证据。还记得前文给出的超级商店 Newco 的例子吗?利润率对这个项目的成功尤为重要,但该项目预测的利润率却高于竞争对手所能达到的利润率,而且他们还声称定价将更具竞争力。通过已公布的财务账目,我们能够看到竞争对手取得的利润率。但 Newco 能够获得更高的利润率,是有据可循的,其中最有力的证据来自供应商的信用条款——明确了他们给这家新公司的供货价格。

练 习

- 如果销售额增长推迟了三个月,计算你的利润会有什么变化。
- 在此基础上,计算一下如果你的销售成本增加10%,会有什么影响。

- 写下发生上述情况时你会做的三件事，并估计其成本和影响。

要点总结

- 将注意力集中在几个关键假设上，并提供证据说服读者。
- 逐步提出预测，不要直接进行大胆猜测。
- 如果这些关键假设不如预期，你就要计算结果的敏感性。
- 简单清晰地解释数据所代表的意思。
- 关于预测的更多信息，参见附录2和附录3。

| 第十章 |

财务信息

你是否需要会计师帮你整理财务信息？如果需要的话，在撰写"财务"板块的时候找个会计师帮忙，但你要把控全局。接下来的内容会帮你了解你的财务顾问在做什么；你如果打算亲力亲为，那么也可以在本章得到一些指导。

计划书中所含的财务信息量因情况不同而有所差异，它取决于：

- 项目的规模和复杂程度。大型且复杂的商业项目需要巨大投资，因而需要提供大量细节。相比之下，小项目描述起来比较简单，而且不需要做太多调查。
- 项目是否已经开始运营。如果是，你需要提供至少三年的账目——如果可以的话。而且，你必须提供最近一年的账目，即便只是并不完善的草拟内容。
- 计划书的受众是谁。例如，如果这份计划书要交给投资人，你就要提供更为详尽的财务细节，而规划部门则不需要。

以往的营业状况的参考价值可能并不大，但如果过去三年的年销售额是 10 万英镑，你却预测下一年的销售额会增至 100 万英镑，你就一定要解释清楚你将如何达成这个巨大的增幅。

营业状况概述应该出现在计划书的正文，而详细的数据一般要放到附录中。计划书中的概述必须简洁易懂、一目了然，你可以用数字讲述故事。

预测数据和历史数据应该放到一起，以便读者进行比较。在前面的例子中，预测中出现销售额激增，如果需要翻阅文件才能对比预测数据和历史数据的话，读者就会对这种不必要的工作感到恼火，从而对你的预测产生怀疑，认为你故意隐藏了关键信息。

财务数据应该包括四个元素：

- 利润表。
- 资产负债表。
- 现金流预测。
- 资金流。

不论做什么业务，你都不要花大量时间用电脑预测投资人的财务结构。你可能会搞错，而且他们还得返工。谈到企业的交易结果即可，不要讨论利率、权益和债务融资，仅仅展示你的企业所需要的资金以及能够产出的利润。

利润表

原则上讲，利润表简单明了，它是商业机构成功的关键。利润表首先会列出收入明细和总和，然后减去成本，得出净利润或净亏损。

利润表可以用下列形式简单呈现，如图 10-1 所示（注意，所有的收入和成本都不包含营业税）：

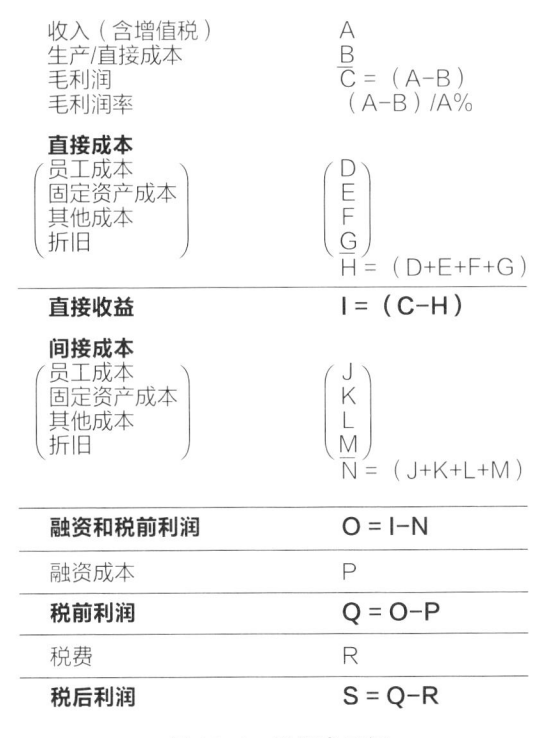

收入（含增值税）	A
生产/直接成本	B
毛利润	C =（A-B）
毛利润率	（A-B）/A%
直接成本	
员工成本	D
固定资产成本	E
其他成本	F
折旧	G
	H =（D+E+F+G）
直接收益	I =（C-H）
间接成本	
员工成本	J
固定资产成本	K
其他成本	L
折旧	M
	N =（J+K+L+M）
融资和税前利润	O = I-N
融资成本	P
税前利润	Q = O-P
税费	R
税后利润	S = Q-R

图 10-1 利润表示例

我们所说的收入和销售额指的是什么？你售卖产品或服务，同时可能获得财政补贴或者资产处置费：所有这些数据加上销售收入，就是企业的总收入。这个数据不包含任何折扣或者特卖活动（例如零售业常用的"买一赠一"活动）的结果。这是"销售额"的会计学定义，因此你呈现的数据必须与此吻合。然而，如果你在总价格上给顾客提供了折扣，那么我强烈建议你分开呈现销售总额（折扣前）、折扣以及净销售额（折扣后）。如果你不这么做，而折扣占销售额的比重太大且可变，你的数据就会误导读者。因此，你需要提供计算后的比率（见"财务比率"部分），例如根据销售总额和净销售额计算出的毛利率。

图 10–1 显示的只是安排成本的一种方式——不同企业和行业在呈现利润表时有不同的做法，但它们都会选择信息量最大的呈现方式。请确保你使用的形式最利于你的项目。"毛利润"一词就是一个例子，它是企业去掉直接成本之后的营业收入。不同行业以及同一行业的不同企业对于哪些成本与销售额直接相关持有不同看法。在制造业，直接成本通常包括材料成本和用于制造产品的人工成本。在零售业，直接成本通常只是买进库存的成本，但也可能包括店内出现偷窃行为的成本。电子商务企业会将营销成本和网站成本算作管理费用，而实体零售企业的租赁和推广成本也是如此。

注意，让一个外行人去预估未来的税费是不明智的。你如果需要考虑这个情况——我一般建议不要这么做,那么请咨询会计师或者税务顾问。

下列两种情况需要找会计师帮忙:

- 对应结算时间。将收入和与之相关的成本对应到相同的时间段是会计惯例。所以,假如我们要做一份周期为 12 个月的账目,比如截至 2015 年 12 月 31 日,而你在 12 月 1 日支付了从 2016 年 1 月 1 日起的 3 个月租金。虽然该款项是在会计年度内完成支付的,但它并不会被包含在该年度的账目中,而是会被放在下一年的账目中。
- 折旧。这是资产价值的逐渐耗损,代表资产老化所耗费的价值。最常见的做法是每年扣除相同的数额。例如,门店的装修花费了 10 万英镑,企业在 10 年中每年从利润表中扣除 1 万英镑作为成本——通过扣除每年 1 万英镑的累计折旧费,在资产负债表中减少资产的价值,一直持续 10 年,以匹配最初购买资产的价格。净资产价值是这个价格减去累计折旧费,此处是零。与折旧相关的规则以及预估核销资产的恰当时间可能有些复杂,本书无法给出详尽说明。关键问题是核销周期的长度:电脑设备和软件一般是 3 ~ 4 年,办公设备一般是 5 年,建筑一般是 10 ~ 15 年。你如果参考这些时长核销资产并且偏向于较短而不是较长的使用寿命，那么基本不会出错。

现金流预测

你的商业计划书也许展现了良好的利润预测，但如果现金流枯竭，你就永远无法达成这个预测结果。因此，现金流比利润更重要。公司永远不会因为赔钱而倒闭，但会因为没有现金支付账单而倒闭。会计师计算利润，而企业创造现金流，真正重要的是现金流。利润预测和现金流预测的关键差别在于收入和支出的时机。长期来看，预期的总利润与产出的现金流相匹配。然而，短期来看，你需要考虑以下项目的花费：（1）电脑设备和软件，它们的成本会被跨年分散在利润表中，但在现实中它们需要立即结清；（2）收购股票以发展企业，这不计入利润表，但仍要花费你的真金白银。如果现金流入时间与流出时间不匹配，那么你可能无法支付这些账单，从而导致企业遭遇失败。

假设你年初在银行有10万英镑，你需要每月支付给供应商和员工1万英镑。你预计一个客户会在8个月内支付给你20万英镑。因此，你的收入是20万英镑，成本是12万英镑，在年底你将获得8万英镑利润，有18万英镑的银行账户结余（见表10–1）。

表 10-1 (单位:千英镑)

月份	1月	2月	3月	4月	5月	6月	7月	8月	9月	10月	11月	12月
供应商	-10	-10	-10	-10	-10	-10	-10	-10	-10	-10	-10	-10
客户								200				
期初余额	100	90	80	70	60	50	40	30	220	210	200	190
期末余额	90	80	70	60	50	40	30	220	210	200	190	180

然而,客户实际上没有在 8 个月内付款给你,而是直到第 12 个月才付款。虽然你的利润依然不变,但有一个问题……(见表 10–2):

表 10-2 (单位:千英镑)

月份	1月	2月	3月	4月	5月	6月	7月	8月	9月	10月	11月	12月
供应商	-10	-10	-10	-10	-10	-10	-10	-10	-10	-10	-10	-10
客户												200
期初余额	100	90	80	70	60	50	40	30	220	210	200	190
期末余额	90	80	70	60	50	40	30	20	10	0	-10	180

你会在第 11 个月用完现金。除非你能筹集更多资金,否则你可能得在收到付款之前停止营业。

发展中的企业通常需要用现金来买入更多库存、支持更高的贷款以及招聘更多员工。然而,企业很少能达到这么高的利润,提供如此多的现金,因此即便你的企业效益很好,你或许仍然需要向银行借款。

在公司发展的早期，你或许还要承担沉重的创业成本或者最初的损失。你也许发现，公司的发展速度远远不如预期。即便是盈利的公司，也可能用光现金。

如上面的例子所示，现金流预测依赖于对时间以及金额的精确评估。你只能尽最大的努力，毕竟你提前 12 个月所做的预测肯定不那么准确，但是现金流预测能够凸显出对你来说重要的问题。

任何商业计划书都应该包括现金流预测。它应该按月显示——至少在第一年要如此，并且展示大量细节，而不仅仅是收入线和支出线。这样的话，你就不会遗漏任何重要内容。记住查尔斯·狄更斯笔下的米考伯先生所说的话：

> ……年收入 20 英镑，年支出 19 英镑 19 先令 6 便士，享受幸福。年收入 20 英镑，年支出 20 英镑 6 便士，陷入苦恼。

预测中出现的一点点小错可能会带来巨大的问题。

附录 3 提供了更多关于现金流预测的帮助。

敏感性

你的计划书对意外情况有多敏感？销售额的增长通常比预想的耗时更长。如果发生了这种情况，你的现金需求峰值会有什么变化？

你应该在计划中提供"假设"情形，证明即便经济萧条，即便很久才会获得一个订单，即便不能实现目标，你的公司依然能够生存下去。企业达不成目标的情况远比它们达成目标的情况更多见，生活就是如此。

收支平衡

收支平衡分析能让人充分了解财务信息对变化的敏感度，它并不会考虑特定情况出现问题的概率，甚至不会考虑可能出现问题的事情的范围。这些内容会在"风险"一章进行讨论。收支平衡分析通常只说明销售额减少多少（通常用百分比表示）会让公司处于零利润的状态。

若要对此进行计算，你就需要将公司的成本分为三类：固定成本、可变成本以及半可变成本。固定成本是指那些即使销售额降低，在几个月的短期时间内也不会改变并且无法改变的成本。典型的例子就是房租和财产税。在销售额降低的情况下，由于有租赁条约在先，快速缩减公司所占的地产几乎不可能。可变成本是指诸如买进库存这种在销售额不如预期时能够被快速改变的成本，它通常占销售额的固定比例。所以，假如一家生产公司的原材料成本占最终销售额的 40%，当销量减少时，公司就要在采购原材料时相应地缩减 40%。半可变成本是指那些在某种程度上随销售额变动的成本，但其中也有不可变动的因素，例如用电成本，通常以每日用电量以及每单位用电量计算。

分析完这些主要的成本因素之后，你就不难计算出达成收支平衡所需的销售额。创建一个电子表格，进行反复试验是个不错的办法，这么做甚至比建一个复杂的电子模型更高效。

如果销售额减少 5% 会让公司达到收支平衡，那么这个商业提案就非常冒险。相比之下，50% 的收支平衡似乎更有弹性。不过需要注意的是，如果你能证明成本在中期会有所调整，而且你可以拿到几个月的银行贷款担保来维持短期到中期的发展，那么即使是高风险的情况也依然可行。

融　资

除非你真的别无选择，否则不要用银行贷款这种方式弥补开局损失。企业的成立成本应该由股权资本来负担，即来自投资人的资金，它们不计利息，无须偿还，因为投资人期待的是在企业成功后获得分红。

> 我遇到过许多企业，它们起步时只能透支，没有足够的资金。它们往往会遇到问题：银行可能在企业发展出现转机之前就"受够了"；也许就在企业开始成长，需要现金发展壮大的时候，银行经理说"不行了"……不要责怪银行，它们没有义务承担风险，它们也要做生意。问题是企业家使用了错误的融资方式。
>
> （会计师）

贷款的麻烦在于总是需要支付利息和还款，即便营业情况不理想或者你需要把每一分钱都拿来投资。而且，银行还可能在你不方便的时候让你还钱。因此，新企业的第一笔资金总是来自投资人。

银行经理和金融家并不喜欢糟糕的意外。请尽量在商业计划书中解释潜在的问题，这样你就可以证明它们并非意外。在商业计划书中谈及财务控制通常是个好主意。相比突如其来的业绩下滑，更糟糕的是你没有预料到会有这种情况。比这更糟糕的是，你没能说明自己了解目前的财务状况。所有这些都只能通过一个办法来解决——配置一个与你的公司规模和类型相适应的会计系统。大多数失败的企业都遭遇了财务控制和信息系统的崩溃。

关于现金流的最后一点考虑是，投资人也希望从商业项目中套现。他们也许不会马上这么做，但早晚会。因此，他们希望获得分红或者出售企业，以便功成身退。

调整和检查

现金流预测和一年期的利润表应该相互协调。大体而言，如果你用留存利润加上折旧，扣除资本支出，再根据企业营运资本（库存及减去预收的应收账款）的变化稍做调整，你就会得到现金流的数据。如果你不能使这两者保持一致，请找人帮忙找出原因。

记住，读者很可能会检查信息，任何错误都会给他们留下糟糕的印象，让他们瞬间信心大减（参见附录2）。

时间安排

如上所述，关于现金流最重要的因素是时间安排——什么时候能为企业提供资金，什么时候需要支付账单，交易活动什么时候能产生现金流。即便现金即将入账，但如果稍有拖延，企业也可能会陷入困境。因此，在进行现金流预测时，收款和付款的时间应该是你考虑的重点。

如果销售延迟并且你需要提前支付成本，那么现金流会发生什么变化？这和销售低于预期、成本高于预期一样，都有可能发生。你可能需要尽量筹集更多的资金，但另一个办法是在计划书中说明，"在不得已的情况下，我们会推迟购买 X 或推迟支付 Y 的费用"，以便展示公司的韧性和环境适应能力。

销售额

你什么时候会收到客户的付款？你确定他们能很快付款吗？如果不能的话，你可以用你的应收账款作为担保来筹集资金——保理或发票贴现。此外，融资公司多久可以向你付款，它们会覆盖多少比例的债务？

增值税

我们经常忘记增值税。究竟什么时候需要付增值税？如果支付晚了，会发生什么？一家新成立的企业也许可以针对开业前的费用申请一大笔退税。但是，如果错过了关键时间节点，比如第一次注册的时间，那么退税可能会推迟几个月。

财产税和服务费

在英国，如果要对过度征税提出上诉，你就必须先支付财产税。在试图拿回自己的钱的同时，你必须证明已纳税的事实——

不能拿困难当借口。此外，在必须支付这些费用时，请务必弄清它们的内涵。水费和保险费包括在服务费中还是必须单独支付？可以按月或按季度支付吗？

贸易供应商

贸易供应商会提供怎样的信贷条款？你可以拿到多少信贷以及多久的付款期限？你确定吗？无论你在大企业工作时与它们有多熟，当你到了小企业或新公司，它们都可能会翻脸不认人。

专业顾问

专业顾问是否要求你提前向他们支付部分费用？

税　费

一个可悲的事实是，许多企业都不能按期为员工的工资交税。在英国，虽然延期会受到调查和处罚，但这种情况依然时有发生。你应该在计划书中谈及何时支付这些税费。

资产负债表

资产负债表是反映一个企业的资产和负债情况的报表。它是以会计理论的本质——复式记账为基础的。这说明任何资产都必须由资金来源（负债）来支付，可能是股东、银行或债权人。所有这些资金来源加在一起必须与资产保持完全平衡。这就是它被称为资产负债表的原因。

资产负债表的呈现方式有多种。你可以在页面的上半部分显示资产，下半部分显示负债，也可以把它们并排呈现。一些资产和负债通常是混合在一起的，例如透支可能被视为负资产。关键是资产负债表的两个部分必须保持平衡。

图 10-2 是资产负债表示例，但没受过任何财务培训的人可能需要会计师的帮助才能把这些数据汇总到资产负债表中。

资产负债表必须保持平衡：企业的资产必须完全由股东资金和借款支付。如果你的资产负债表不平衡，那你就回溯根源，看看发生了什么。股东资金和借款要么进入了固定资产，要么进入了流动资产。

财务比率

你应该计算计划书中所列数据的财务比率。潜在投资人肯定会根据你提供的数据进行计算，所以你亲自计算这些比率并把它们展示出来有两个好处：首先，你让计划书变得更好理解了，并且给读者留下一个好印象；其次，你可以对这些比率做出评论，从而在一定程度上掌控主动权。

关键的财务比率有：

固定资产	
不动产	100
不动产修建	50
工厂和设备	70
固定装置	20
商誉	10
总计	250
减去折旧	-50
账面净值	**200**
流动资产	
股票	90
债券	40
预付款项	10
现金	10
	150
流动负债	
负债	80
应计项目	10
税费	30
	120
流动资产净值	30
净资产	**230**
资金来源:	
股份	100
留存利润	50
股东资金	150
贷款	70
租金	10
借款	80
净资产	**230**

图 10-2 资产负债表示例

- 毛利率。
- 资产负债率。
- 利息保障倍数。

- 应收账款天数。
- 应付账款天数。
- 库存周转率。
- 流动比率。

读者可能对你所在行业的毛利率和库存周转率等衡量标准有一定的了解，所以你要确保自己能够解释预测中的任何差异以及数字增减，尤其是近几年的变化。为什么这些比率有所变化，或者为什么它们将会发生变化？

债权人尤其关注资产负债率和利息保障倍数。这些比率能够展示财务风险，以及因此给股东带来风险的可能性。资产负债率超过50%或者利息保障倍数低于200%，都可能会让他们有所犹豫。当然，在某些情况下，短期内利息保障倍数的预测会低于100%（这意味着你必须通过进一步借款来支付利息）。不过，这样的例子有力地说明了你为什么必须掌控全局，解释原因并说明如何以及何时能改变情况。

诸如应收账款天数、应付账款天数、库存周转率和流动比率等指标都能反映出企业的变现能力。

毛利率

毛利率是销售额（扣除营业税）减去销售成本，除以净销售额的结果，用百分比表示。这里计算的是不计客户折扣的销售额，否则不同时期的不同折扣可能会影响计算结果。

销售成本是指将货物准备为待售状态所耗费的可变成本，其构成因行业而异。在零售业，它仅仅指买入库存的成本，包含在销售数据中。在制造业，它是所使用的材料成本，加上将其变成产品所付出的直接人工成本，再加上与该劳动相关的一部分生产管理费用。

毛利率的计算关注的是诸如"我们的收费是否足够"、"是否有我们不应该销售的产品"以及"我们的成本是否增长太快"之类的问题。

应收账款天数

应收账款天数是指未收回的交易债权额度除以年度净销售额，再乘以365天后得到的数字。它显示了客户的平均付款速度。很明显，这是一个季节性指标，对此你可以自行调整。例如，你可以用较短时期内的销售额乘以相应天数，而不是365天。我认为，在大多数情况下，这可能过于复杂：这个比率只是提供了一个简单的参考。如果它有误导性，你解释一下原因即可。

理想情况下，你的债务人向你付款的速度会比你向债权人付款的速度快。但实际上，事情一般都不会按理想情况发生。

应付账款天数

这是未偿还的交易债权额度除以年度销售成本，再乘以 365 天后得到的数字。为什么有人会关心你需要多长时间来付清账单？这是因为如果你的计划书显示你需要较长时间完成付款，那么你可能缺少现金，所以要用债务来平衡你的账目数据。如上所述，比率会引出问题而不是提供简单的答案。

为什么它只限于交易债权人？因为你不能决定支付水电费等费用的时间，所以将它们纳入计算会扭曲实际情况。此外，这些成本也不包括在销售成本中。

库存周转率

这是按成本计算的库存价值除以每年的销售成本，再乘以 365 天所得的结果。它不包括利润率，因为账面上不会把利润算进库存价值。这个指标衡量的是你的现金占用情况，可以预示滞销的旧库存。

流动比率

流动比率显示的是流动资产与流动负债的比率，它通常以小数表示，但也可以用百分比表示。如果这个数字小于 1 或 100%，就说明你在用供应商的钱经营公司。实际上，只有超市或其他大型的快速周转企业才能做到这一点，而且它们也希望库存周转率高一些。

资产负债率

资产负债率是企业的净债务（债务减去库存现金）除以债务和股东资金的总和所得的结果。它用来监测企业有多少债务（通常包括银行、租赁和其他债权人因素），该比率上升既表明现金的短缺，也说明企业有财务风险。资产负债率越高，风险越大。

利息保障倍数

这是同期息前利润除以账目中显示的应付利息的结果，用百分比表示。

其他指标

劳动力成本占销售额的百分比，管理费用占销售额的百分比，以及对某些企业来说，不动产成本占销售额的百分比，都可以提供有关项目趋势的蛛丝马迹。显然，你希望展现出劳动力成本、管理费用和不动产成本下降而利润率上升的趋势。但不要捏造数据，描绘一幅虚假的画面。

如上所述，所有这些指标都是行业特定的，甚至是公司特定的。例如，一家软件公司可能由于将大部分成本用于产品开发，而拥有极高的利润率。因此，明智的做法是将这些开发成本的一部分计入销售成本和库存，使利润率降低。

关键绩效指标这一术语被广泛使用，尤其是被那些对哪些财务比率重要以及相关原因理解有误的人。他们如果多了解一些实用的会计知识，就不会有盲目的执念。不过，我希望你了解自己的企业，知道自己应该关注哪些数字的变化。请坚持你的立场，说明你所跟踪的指标与你的业务相关。

趋　势

在讨论风险时，我提到了数字透露的趋势。你需要考虑容易出错的因素，也要考虑关键指标的变化趋势并对其做出解释。如果你的解释谈及了规模经济，读者就会期待看到利润率上升。如果没有相应的数据指征，你就必须解释原因。因此，请检查数据的比率是否合理，是否与你的解释和趋势相一致。不要展示没有意义的趋势。例如，许多企业会在商业计划书中展示其以往稳定的销售水平或利润水平，但在预测时却风格突变，说会出现大幅的增长。要么调整你的预测，要么保证你能有理有据地解释这种突然的转变。

如果你展示的销售预测如图 10-3 所示，你的读者就会持怀疑态度——请说服他们。

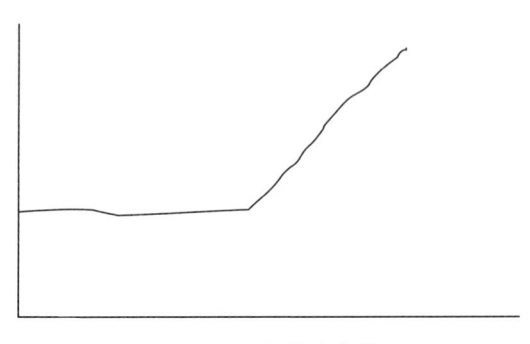

图 10-3　急转直上图

重要术语

商　誉

如果一个企业以 100 英镑的价格收购另一家企业，但被收购企业的资产负债表却显示净资产为 80 英镑，那么这 20 英镑的差额就是商誉。这里假设你没有白白支付额外的 20 英镑。虽然你为这家企业未来的利润潜力付出了额外的资金，但这家企业的账面估值仅为其资产负债表上所写的价值。

会计准则要求每年核销一部分商誉。如果这会影响你，那你或许需要咨询一下会计师。

预付款项

根据同一会计期间内收入与支出配比的原则，你一般要把提前支付的款项列入预付款项。因为如果你的财年在 6 月结束，而你在 5 月收到了 7 月、8 月和 9 月的租金账单，那么它虽然不会出现在你的利润表中，但会在资产负债表中显示为预付款项，即使你实际上还未付款。如果收到了账单而且其日期显示的是 5 月，那么你必须在账目中把它记为应付账款（负债），但同时它会被记为预付款项（资产），这样资产负债表的两部分才会平衡。如果你提前完成了支付，那它就不再作为应付账款出现，而是减少了企业的现金流，尽管它仍然在账目中记作预付款项。

应计项目

你有时会在资产负债表中为即将发生的账单留出位置，这反映了会计的配比原则和审慎原则。例如，如果你一年都没有收到电费单，你可能会认为电力公司搞错了。然而，它们可能会在某天找上门来，所以你要把预期的账单记为支出，但在资产负债表中将其记为应计项目（应付账款）。

预估资产负债表

预估资产负债表是一套高度简化的账目，用来反映理论上的财务状况。"预估"一词意味着所给出的数据是一种演示，而不是一种预测。因此，新企业会制作一份预估的期初资产负债表。上面可能没有应收账款或应付账款，因为它展示的是企业开始营业前的快照，资产和现金与股东资金和借款相平衡。

同样，预估资产负债表可以是为收购另一家公司或增加一项新业务或呈现权利股发行结果而编制的，它简单汇总整体的资产和负债情况，展示合并后的资产负债表的情况。你也可以制作预估利润表，用于展示两家企业合并后（或纳入一个新业务后）的一段交易期的理论交易结果。

练 习

- 列出商业项目的三四个关键绩效指标。
- 为每个指标写几句话，解释它们为什么重要。
- 利用预测数据和历史数据计算这些关键绩效指标。

要点总结

- 每份商业计划书都需要财务信息作为证据。
- 你是否需要会计师的帮助来汇总财务信息？
- 文字和数据必须讲述同一个故事。

| 第十一章 |

风险

商业计划书的"预测"部分通常会讨论风险，其最合适的位置是在阐述提案的假设之后。为什么要讨论风险？因为提出可能面临的问题，你就掌握了话语的主动权：（1）说明你非常清楚你的项目和所有项目一样都有风险，如果你假装你的项目没有任何风险，不论是投资人还是商业伙伴，都不会把你当回事；（2）你有机会处理你的读者所关心的问题，如果你先发制人，提出问题，就可以为你的项目助力。

有时候，项目能够完美地按照计划发展，但在遇到风险时，谨记下面的黄金法则：

> 黄金法则：
> - 所有事情都比你预想的耗时长。
> - 所有事情都比你预想的花费大。
> - 烂事常有。

我们是凡人，当我们努力说服他人时，我们对乐观的理解往往失之偏颇。现实情况好于计划的情况非常罕见，金融家和投资人对此很清楚并且会相应地进行心理调整。因此，你要让读者知道你很现实的唯一办法就是考虑并处理风险。

例如，你可以：

- 证明某事发生的概率很小。
- 证明某个事件的影响不会严重损害你的商业项目。
- 解释如何应对不利情形。

以连锁书店的案例为例，预期风险包括：

- 经济衰退导致销售额比预期低 15%。
- 主要供应商提出不愿继续合作。
- 竞争程度超过预期，导致销售额比预期低 15%，毛利率比预期低 2%。
- 实际成本比预期高出 20%。
- 借款成本增长 5%。

如你所见，通常只有四种风险：

- 销售额低。
- 利润率低。
- 成本高。
- 重大运营问题。

其中，商业计划书更容易把前两种搞错。成本远远超过预期的情况很罕见，尽管不是没有。只要你做足了功课，你预测的成本就不可能错得太离谱。这是因为只有你把与成本相关的一两个因素完全搞错，才会造成巨大偏差。例如，一项零售业务的账目如下所示，其中数据以销售额的百分比显示：

毛利润	45%
减去：	
员工成本	15%
资产成本	15%
其他成本	5%
利润	10%

如果总成本被误记为 10%，而你需要恰好实现收支平衡，那么你需要将销售成本降低 18%，或者将员工成本降低 66.7%，才能获得这样的结果。

你应该重点讨论算错销售额和利润率的风险。如果它们出错，会发生什么以及有何影响？不要列出一大堆可能出错的情况：根据具体的项目，重大风险一般不可能超过 6 条或 8 条——请应对这些主要的风险。你需要解释你将如何避免这些情况发生以及在它们发生时如何应对。例如，低利润率可以通过定向推广活动、重新考虑销售组合或提高价格（尽管是以损失销量为代价）来解决。千万不要在计划书中说你将无视销量的下降而提高价格，因为这将破坏你的信誉。当然，如果你的确能在不影响销量的情况下提高价格，那么何乐而不为呢？

本章要解决的最后一种风险是重大运营问题，例如盗窃或者火灾，无法拿到规划许可，失去主要的供应商，或者生产过程中出现重大故障。你必须尽可能地解决这些问题，说明你有保险或合同保障，你有替代的供应商，或者你可以处理生产中断的问题，尽管要付出一些代价。

任何商业项目都有风险。你的投资人或意向合作伙伴清楚你所承诺的回报率是建立在风险之上的。因此，你只需要尽可能地解释风险有多低以及你的处理方式，不要担心那些你无法控制的风险。

我们做错了什么

从别人的错误中学习。短期内,我们对来自在线图书销售的威胁的判断是正确的,但我们确实低估了它们最终会达到的市场份额。我们还忽略了超市在圣诞节销售高峰期对畅销书进行大幅打折的影响,而且我们在时机上也判断失误。竞争对手先于我们进入市场,并占据了最佳零售点,这迫使我们承担次级零售点的风险。

长期与短期

为了达到长期目标,你需要保证短期生存。不要浪费太多精力去担心 10 年后的情况,因为如果你在前三年取得了巨大的成功,你就有足够的时间去适应和调整。因此,在计划书中要提到远期的威胁和机会,但更要专注于那些先出现的事情。

关注大事

应用 DIM 原则——它重要吗(Does it matter)?我提出过一个资金支出计划,用于在热销季前更换我们的电脑服务器,因为我担心我们系统的适应能力。虽然系统出现故障的概率很小,但是不久前出现的一个小范围故障表明，如果出现意外，后果可能会很严重。因此，这是应对运营问题的一个战略性决策。这个提议得到一个意外的回应：虽然原则上它可以即刻获得批准，但董事会要处理项目的融资问题，因而推迟做出决定，这导致解决方案在关键时候没有就位。这背后的原因是，董事会并没有关注主要问题而是把重点放在了次要问题上——融资不是问题，而且我们的现金流可以覆盖支出。这个教训告诉我们，在描述计划时，要把重点放在读者必须做出的重大决定上，而不是强调小问题。请考虑你的读者将如何反应，并引导他们关注正确的方向。

不要忘记日常事务

今天，几乎每个企业都有系统风险。不要只关注这个问题而忽略了其他业务领域。例如，请不要忘记计算机系统——你的电脑服务器可能会起火，你的软件供应商可能会破产，你的数据可能被黑客或病毒攻击，从而导致客户数据丢失，文件被删除或完全无法访问。你可能会遇到停电或者好几周无法联网的情况。不要只担心数据备份，还要考虑如何快速恢复正常运作。

几乎所有的企业都有线上业务，都要使用计算机系统。你有网络安全风险吗？你有备份吗？你的软件是最新的吗？你投保了吗？如果你的专线服务系统发生故障，你有备份系统吗？你是否严重依赖某一家软件公司？如果它倒闭了，你怎么办？你是否遵守了数据安全法规？

此外，你还要考虑日常运营。例如，一家销售高品质巧克力的零售店由于水管爆裂，在复活节期间有 8 周无法营业。保险可以赔付眼前的损失，但客户流失后就再也不会回来，怎么办？你是否有保险来保障间接损失？

人员方面呢？一些关键人物的流失是否会带来灾难性的后果？

这里分享一份提交给公司董事会的计划书作为例子。这个计划书的最后一句写道："虽然风险很大，但我们需要破釜沉舟，义无反顾。"这究竟是谁出的主意？现在看来，我当时的回应可能措辞委婉，但我所表达的感受绝对没错，我建议他们注意读者的反应。我写道："这个建议似乎是要我们闭上眼睛，手拉手跳进深渊，因为人们都黔驴技穷了！"我恭敬地提请大家注意我们作为董事的法律责任，以及我们对员工和利益相关者的道德责任，要尽最大努力在做出决策之前进行合理的调查。

你可能听过美国国防部长唐纳德·拉姆斯菲尔德提出的"未知的未知"一词。对于你浑然不知的风险，你如何防范它们呢？为什么要在商业计划中提及这些风险？答案是复原力：表明你准备了应急计划，并且已经考虑到了潜在的问题。读者愿意相信你能适应意外。树立信心……你只需要在计划书中写上几个字。

练 习

- 列出你的项目所面临的所有风险,并将它们分为销售、利润、成本和运营四个类别。
- 在表格中列出这些风险,并评估每一项风险的发生概率(低、中、高)和发生后果(从轻到重)。如果发生这些风险,你能做什么?它是短期风险还是长期风险?
- 在表格下方,用三句话描述如果同时发生多个风险,会发生什么?

要点总结

- 所有企业都有风险。
- 解释主要风险是什么以及它们出现的概率。
- 总之,简要解释你将如何应对意外情况。

| 第十二章 |

法律问题和保密性

保密性

把商业计划书或者销售备忘录发送给既非专业投资人也非金融机构或者专业顾问的人，会引发严重的法律问题。把任何有可能促成某种交易的计划发给他人也会引发一些问题。例如，英国法律规定，你的文件如果是一份招股说明书，就需要会计师针对其中的所有内容提供一份报告。这对大企业来说无可厚非，但对小企业来说似乎有点过分。如果你把文件发给 50 个以上的人，就一定会有风险。此外，如果有人投资或购买你的项目，也会有风险——如果事情进展不顺利，那么他们会以计划书中有虚假陈述为由而起诉你。

为了避免这些风险，你最好咨询律师，让他帮忙起草一份合适的文件供接收人签署，并为计划书起草一篇序言。这份文件将让接收人承诺他们是一个成熟的投资者，或者他们正在接受专业建议。计划书的序言应该尽量强调：

- 该文件是一份信息备忘录,而不是招股说明书(这个词不会被直接用到),当然也不是销售要约。
- 该文件不构成任何合同内容。
- 企业的董事和股东不对文件中信息的准确性提供任何担保。
- 接收人不应依赖该文件,而要自行对企业进行调查。

不久前,我收到一份关于互联网业务的销售备忘录,其中包含了所有这些条款。让我觉得好笑的是,销售商业项目的人试图通过该文件获得一个参考价格,同时限制潜在购买者对企业进行全面调查(通常称为尽职调查)。我强烈怀疑这种做法会损害原文件不是"销售要约"的说法——这两者完全无法并存。他们显然套用了手头掌握的别人的文件。这也突出了另一个问题:虽然你可能想抄别人的序言或附信,但要注意,环境可能已经和别人撰写文件的时候不一样了,现实情况可能与撰写人当时所设想的不同。他们可能也是复制了别人的序言或附信。保险起见,你最好征求法律建议;如果不这样做,你至少要意识到自己在冒险。

无论商业计划书是发给潜在的商业伙伴还是发给银行或员工,往往都涉及一个重要的问题,那就是信息的保密性。有些人或企业会窃取他人的想法,如果你没有时间或金钱去打官司,那么你可能无能为力。下面几种方法可以减少你的风险:

- 让接收者签署一份保密协议。
- 在计划书的前面插入一段话，约束读者，让其保密。
- 尽量省略敏感信息。

最后一种选择往往不现实。例如，如果你要寻求贷款，银行不会对省略了现金流预测的贷款申请感兴趣。投资者会希望看到关键的供货协议。即便如此，你也可以在与潜在商业伙伴建立信任的同时，隐瞒一些信息。

保密协议可以是典型的半页信，也可以是一些商业银行在出售业务时签发的长达五六页的文件。这完全取决于具体情况。附录1是一封相当简单的保密函。然而，它只是一个例子，你如果担心保密问题，还是应该咨询律师。

保密协议通常涉及：

- 定义你所提供的信息，并对其价值做出声明，而且明确指出向未经授权的人传播这些信息会损害项目。（它通常会强调，此处提及的信息不属于公共范畴。）
- 约束信息的接收者：
  —— 对信息保密；
  —— 不在他们的业务中使用该信息。（与潜在竞争对手沟通时，这一点尤其重要。）

——只将信息传达给他们的员工和顾问,并以你们之间达成协议的相同方式对其进行约束。

有的保密协议规定,接收者不能接触企业的客户、供应商或提供信息的员工,并要求他们承诺不开展同一种业务。所有这些承诺通常会有一个时间限制。如果你设定了不合理的限制条件,法院可能不会支持你。保密协议通常要求接收者不得制作或在讨论结束后归还计划书的任何副本。我一直不明白这一点如何执行,以及如果接收者没有遵守这一协议,该如何处理?

如果保密承诺是计划书的一部分,它就会出现在计划书的前面,并说明接收者在接受文件的同时同意接受该承诺的约束。

在结束这个话题之前,请大家注意,很少有人采取法律行动强制执行保密承诺,而且由于费用问题,这对小企业来说是一个较大的负担。在英国,除非纠纷涉及的金额超过50 000英镑,否则这很少会被诉诸法庭。如果走到这一步,另一方就有可能会向法院申请为他们的费用提供担保。这样,大企业就有可能欺负小企业,这是因为小企业会考虑败诉的风险(……打官司总是有风险的)——双方的法律费用可能会累积到一个非常可怕的数字。对有的企业来说,仅向法院提交保证金都是很大的负担。

练 习

你的商业想法是否的确是原创？

- 列出你的原创想法。
- 将每条想法分解为不同的元素，并关注最有价值的特定元素。
- 列出保护它们不被复制的方法。
- 是否有可以推迟分享的细节？
- 你信任那些阅读过你的计划书的人吗？
- 你调查过这些人吗？

要点总结

- 不要把有价值的信息告诉你不信任的人。
- 尽量用保密协议来保护你的想法，但要认识到保密协议很难执行。
- 不要提供任何可以让人抓住把柄的信息。

| 第十三章 |

出售你的商业项目

商业计划书通常也在出售商业项目时使用。你或许会聘请会计帮你撰写商业计划书或销售备忘录——它们在本书中指的是同一个东西。然而，即便有人帮你完成，你依然有必要了解如何完成这份计划书，以便可以指导并检查他们的工作。

出售商业项目使用的文件和本书描述的商业计划书十分相似。只是商业计划书以概述开篇，而它以投资建议书开篇，简要概括对买方的要求、商业项目以及主要的销售特色。接下来进入"简介"部分，描述具体的项目。随后是关于市场、管理和财务报告的内容。

如果所有步骤都相似，那么不同点是什么？两者主要的差别是写作风格以及省略的内容，例如详细的策略和人事计划。我最近收到一份有关互联网业务的销售备忘录，它提供了一些反面例子，以及几个有趣的要点。

说明出售原因

如果你不向买家说明你的出售原因，除非你提供的内容本身极具说服力，否则不要因为他们自己推断出不利于你的结果而感到意外。他们可能会觉得你的项目大不如前，而且你已经穷途末路，想迫不及待地转手。

强调项目的机遇

请注意上文论述的要点。如果机遇非常好，那么你为什么要卖掉它呢？因此你必须这样措辞：你相信这是一个好的盈利机会而你打算退休；你认为买家可以比你赚得更多；你缺乏发展这个项目所需要的资源。

不要浪费笔墨描述项目即将出现的转机

虽然有必要强调买家面临着大好机遇，但过犹不及。我曾收到过一份销售备忘录，其中用图13-1描述了销售额和利润。销售额和利润将来总是能突然上升，难道不奇怪吗？我告诫大家避免做出过度乐观的预测，除非你坚信业务真的会迅速增长，而且能够提供有说服力的理由，也能够解释你为什么要在这种好事发生之前而不是发生之后出售项目。当能给出令人信服的理由时，你再附上势头良好的预测信息。

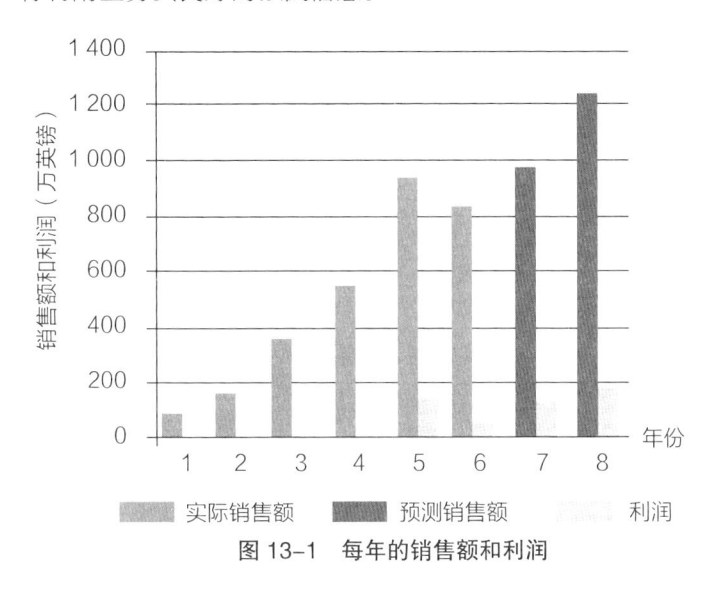

图 13-1 每年的销售额和利润

买家会被夸张的说法吓跑，即便他们仍然会投标，他们也可能会降低出价，因为他们不相信你的话。就上述这个例子而言，事实证明，某些成本没有被纳入预测。

我坚信买家会因这种无稽之谈而迟疑，他们会降低出价。他们从卖方迫切想卖个好价钱的举动中感知到了风险，并且对卖方提供的信息产生怀疑，因而做出调整以应对风险。在这个例子中，引用的数据没有包括相关成本，所以相对微薄的利润实际上更不理想。

你是否提供了预测信息

如果你进行了预测或者预算，那么我认为有必要将其纳入计划书，但是一定要解释相关假设并去掉那些荒谬的假设——读者不相信的预测不值一提。上文中提到的互联网公司承认自己损失了一个重要客户，但在预测中假设自己在来年能获得额外的业务来取代那个客户。奇怪的是，其销售额和利润当年下降了 29 000 英镑，但它却预测下一年会增长 30 000 英镑。好吧，也许这是可能的。该公司没能给出详细的解释，让这一断言从"无稽之谈"变成"听起来很合理的断言"。当然，你应该对你的业务充满信心，但你必须给出可信而且详细的解释。

买方是谁

你或许没有足够的时间针对不同的买方撰写不一样的文件，但你可以一开始就考虑到所有买方的需求并且尽量写一些适用所有买方的内容。你如果无法用一份文件体现一些重要差别，就可以考虑在附信中进行说明。上文中提到的互联网公司的卖方的确考虑了潜在买方，而且在文件中列出了一些买方的类别，但他们虽然提到了"不熟悉互联网业务的人"，却并没有对此做出详尽的解释。例如，根据定义，这类人并不具备编程技能，但卖方没能解释这类人所属的部门。我认为这类买方把这项工作分包出去了，但我不确定。请确定你的买家，然后解决他们的问题！

保留信息

如果你要销售商业项目，那么读到这份文件的人很可能是你的竞争对手，而且有些表面上对此感兴趣的人很可能只是在打探消息。你如何避免向他们泄露敏感信息？我在本书其他章节介绍了保密协议，显然，要尽量把对竞争对手特别有用的信息保留到洽谈过程的后期。最初的销售备忘录不会包括买方需要的所有信息，你可以在向一两个意向买方提供进一步的信息之前，要求对方给出意向出价。记住，尽管你最终还是会告诉他们，但仍要保持谨慎。销售备忘录是出售商业项目的一个工具，可以让你获得最优的出价。不要隐瞒那些对你来说并不重要的信息，没必要过度保密。之前提到的互联网公司没有透露不同业务类型之间的销售收入分配情况，我不明白这有什么敏感的，而且投资者得知道这些信息才能评估这个项目。最终，我的团队没有竞标。

尽职调查

为了出售商业项目而撰写的商业计划书可能会成为尽职调查

的对象。这意味着包含在计划书中的所有数据和言论都有可能被意向买方调查。所以，你必须更加谨慎，一开始就把它做对。在完成计划书后，最好用电脑进行分析，摘录一些内容制成表格，将论断、图表或数据放在左侧，将支持性证据放在右侧。对于计划书中的观点，你要明确说明那只是观点而已。你如果提到某些内容是事实，却不能拿出支持性证据，就考虑重新措辞或将其省略。尽管你可能在交付计划书时提醒买方自行查证所有内容，但他们依然可能会让你保证计划书中的所有内容都准确无误。你可能无法避免提供有限的保证，比如保证过去的年度账目是正确的，或相关的税款已经支付，或企业没有违法行为。

你是否拥有你所出售的东西

在列举企业有价值的资产时，人们会想到设备或办公场地，那知识产权和商誉呢？

你有商标名称、独特的工艺、图像或书面材料。你拥有它们的所有权吗？你有专利、版权或商标保护吗？如果有，它们是全球性的还是地方性的？

你的项目是否使用了别人的知识产权？如果是的话，当项目的控制权移交给别人时，这个知识产权的使用权能否自动延续？

商誉与商标名称密切相关，它传递的是来自客户的价值，受到客户认同并会被商品名称、形象和声誉所影响。但所有这些都很容易因丑闻而丧失。你的项目有隐藏问题吗？任何项目转让都要求履行法律合同中的承诺。

> **练 习**
>
> 再列一个清单：
>
> - 你为什么要出售项目？
> - 你想保留参与权吗？
> - 买家为什么购买这个项目？买家的背景如何？
> - 买方如何从项目中赚到比你更多的钱？

> **要点总结**
>
> - 考虑读者是谁，在计划书中纳入他们想知道的内容，同时保留你不希望他们知道的内容，直到他们给出肯定的承诺。
> - 不要过度推销。如果项目那么好，你为什么要出售？
> - 证实你的主张——你能做到吗？

| 第十四章 |

改善业务表现

商业计划是重要的管理工具，可以辅助运营各种机构，包括商业公司、福利机构和公共部门。这不仅针对新成立的公司，对那些已经成立很久的公司也适用。书面计划对于企业、跨国集团或者医院信托机构都很重要。本章将关注商业计划的用途，说明它和交给投资人的计划书有什么异同之处，以及它应该如何构思撰写。

计划不是预算

如何借助商业计划运营你的公司

商业计划在六个方面有助于运营管理公司：

- 战略方向。
- 绩效管理。

- 业绩评估。
- 协调管控。
- 沟通。
- 激励赋能。

战略方向

不要试图用商业计划寻找新的战略方向。纪律性是计划的本质，但它不可避免地阻碍了自由思考，而这恰恰是战略思维的关键，因此计划并不适合用来探究新的方向。

人们常常误认为正式的商业规划过程及其所涉及的讨论和分析能帮助管理者和商业计划的制订者想出公司战略。实际上，情况很少如此，因为战略不是计划的结果，而且恰恰相反，它是计划的出发点。正如亨利·明茨伯格在《战略规划的兴衰》（1993）中所说："通过迈出第一步，规划有助于将预期战略转化为实际战略，并推动其得到有效实施。"

> ……规划并没有为公司制定任何预期战略。公司的战略在企业家的脑子里，那是他们对公司未来的展望，是激励公司走向金融市场的根源。不过，规划会对公司已有的预期战略进行阐明、论证和细化。

然而，一些个人和团队会对目标、资源、市场、优劣势、选择等进行彻底审查，由此制定新的战略方向——他们可能发现之前的想法不可行，因此放弃它们。然后，在正式的规划过程之外研究这些战略和想法。

绩效管理

商业计划是绩效管理的出发点。它可以确保所有人都朝着同一个方向努力，并且可以用来设定个人目标和制订相应周期内的工作计划。它可以用来：

- 设定目标，包括部门和个人的绩效目标。
- 找出不相容的目标或战略，例如，可能没有足够的资金同时开展客户服务培训和团队建设。
- 设定优先事项。
- 确定培训和发展需求，以确保员工掌握达成目标的知识、技能。
- 将培训和发展的重点放在业务目标的达成上。

业绩评估

商业计划中必须包含明确的、可衡量的目标。拟定目标的一个公认方法是使用 SMART 原则，即：

- 具体的（specific）。
- 可衡量的（measurable）。
- 协商一致的（agreed）。
- 现实的（realistic）。
- 有时限的（timed）。

某个公司的首席执行官宣称要让公司成为市场引领者，这个目标几乎让他成了团队的笑柄。团队成员知道这句话只是空谈，因为他们和市场引领者距离遥远。根据SMART原则，这个愿景可以改成：

> 在未来三年内，将公司的市场份额从20%提高到30%。

使用SMART原则的关键步骤是知道如何实现目标——没有这个步骤，目标就无法达成一致，你就不知道目标是否现实。下面是一个关于"如何实现目标"的例子：

> 通过建造一个配送仓库、引进新的调度软件以及重新培训调度部门，在12个月内将平均交货时间缩短至7天，达到提高客户满意度的目标。

协调管控

商业计划可以用来对照已确定的目标和重要事件，衡量企业或部门的表现。基于这种对照，企业可以完善并重新定义目标和时间轴。

企业的整体目标会进一步指导部门目标和企业内部活动目标的制定，这些目标将支持整体计划的实现。

> 一家美国的大型跨国公司的英国子公司的高级经理制订了一个五年计划，其中心目标是让整体业务每年增长20%。由于其中一个地理区域涵盖了潜在增长能力不到10%的成熟市场，因此计划的重点就集中在了其他区域可以采取哪些行动来实现总体目标。

沟　通

沟通在内部商业计划中扮演着最重要的角色，这表现在许多方面：

- 对于高层团队，它提供了一个焦点，使大家能够聚到一起讨论并做出决定，分享想法，明确彼此的职责，也许还能发现并处理潜在冲突。

- 较大的组织应该让下一级，甚至是更低一级的成员对计划的制订做出贡献。这将培养主人翁意识，促成高质量的计划，并提供沟通和团队建设的机会。
- 请注意，计划最常见的失败发生在高级经理独自制订计划的时候，因为他们没能意识到自己已经不再像从前那样了解客户和客户动态了。你必须让直接接触客户的人给出意见，参与其中，而且从一开始就要这样做。
- 在整个组织内公布最终计划有许多好处。管理人员和一线员工都可以看到详细的关于业务、市场以及整个组织背景的解读。他们可以了解企业的业务方向：
  —— 这有助于建立所有人员对企业的自豪感，鼓励他们为企业的成功做出贡献。
  —— 通过了解企业的发展方向以及个人在企业战略中的地位，员工可以更好地做出日常决策，推动企业朝着目标前进。
  —— 它促进了开放和信任，有助于提高士气。
  —— 它通常可以促使公司的各个层级都生成有用的想法。

总的来说，所有这些影响最终都会对企业的效率和盈利能力产生积极的影响。

记住，所有的有效沟通都会促成行为的改变。如果没有效果，沟通就没有意义。一个具备明确的、可衡量的目标的商业计划能让组织内的沟通有章可循。你们首先可以沟通目标，然后可以对照目标不断就进展进行沟通。当有所进展时，你们可以稍加庆祝，然后针对需要改进的方面进行沟通并讨论如何集中力量做出改进。

不要担心写下和传阅战略计划会让不忠诚的员工将信息泄露给竞争者，这种情况很少出现。你可以省略敏感信息，但如果你不告诉员工他们需要做什么，那么你如何管理他们呢？商业计划通常不以完整形式在组织内部被传看，这主要是因为其中内容太多，不便于传看。计划的用途是为员工或不同部门设定目标，随之还会附上一份概述来解释当前情况以及行动计划。

激励赋能

计划在被沟通和传达之后，会成为一个强大的激励因素。它能让员工更有参与感，更有信心，并且因此更愿意承担责任，勇于冒险（个人层面而非公司层面）。最重要的是，员工知道他们必须做什么来实现计划，并且能够根据计划提出建议。

做计划不是做预算

请避免将计划与预算周期挂钩。因为预算是提前完成的，所以在做计划时不会生成任何有关预算的新想法，只是涉及一些简单的计算。计划的制订建立在根据预算得出的数据上，并向后推算 2~3 年，比如每年增加 5% 的额外销售、4% 的员工成本以及节省 2% 的能源等，最后再加上一个预算说明。上述计划过程带来的好处在预算过程中没有。预算没有新想法，没有愿景，由此产生的文件也不适合交流。

你可能会问："那么，我们怎样能看到公司未来三年的发展情况呢？"

- 将预算和计划区分开来。计划是第一位的，因为下一年度的预算应该被视为对第一年计划的详细评估。
- 因此，先从战略开始，然后在计划过程中检验并完善实现这一战略的手段，这有助于制定个人和部门的目标。
- 然后，生成财务预测，通过财务预测来评估该计划。这可能是以概述形式完成，不要写得像预算那样详细。
- 由于计划是先完成的，因此在做预算的时候，其中的数字可能会有所变化，需要重新评估。这并不算问题。计划是关于设定目标、明确行动的，如果预算得出了截然不同的结果，以至于需要重新考虑这些大方向，那就很奇怪了。如果有必要，你完全可以在一年中不时地更新计划中的数字。

说明这点只需要几个短短的段落，但对于计划过程，几乎没有比这更重要的建议了。你或者你的同事，或许认为围坐在一起讨论未来意味着大量正经工作时间被转移到了管理时间上。不过，虽然合并预算和计划过程表面上节省了时间，但其实造成了时间的浪费，徒劳无益。

做计划的好处显而易见，它是管理的精髓所在，所以不要吝惜为之付出的时间。它涉及让人们提出实现目标的行动建议，这难道不是你期望经理或主管所做的吗？

这个过程不一定要耗费时间和囿于层级制度。我的建议是找一个人来协调这个计划：召集核心人员开一到两次会议，讨论大概的想法，然后让协调人整理出计划的初稿，向这些核心人员寻求初步反馈，之后开会调和分歧。这个建议可能不适用于你，但重点是它可以让你避免耗费稀缺的时间。适合你的方式取决于你所在的组织情况，但永远不要怪"计划"，过度的官僚作风是你的问题。

非传统计划

传统的商业计划旨在为本章开头所列的每个目的服务，尽管大多数公司可能不一定以这种方式使用它。例如，许多公司并不在内部传阅商业计划，因而没有体现出商业计划作为一种沟通方式的潜力。

传统的商业计划提供了一种手段，可以严格分析战略意图，在将其转化为行动计划和预算之前，对其进行系统的规划和整理。这种类型的计划通常在很大程度上借助财务模型，以便对战略意图和各种假设进行成本计算，并对财务预测和现金流进行分析和规划。

这种传统模式有以下几个缺点：

- 涉及大量分析。它使用的是会计师的语言，包含大量数据，这可能会让非会计人员难以理解或认同。
- 主要依赖硬数据。它遗漏了关于企业的主观的、难以定义的软数据，而这些数据可能是企业成功的关键。
- 通常不够灵活。在制订后的几周内，现实世界发生的事件就可能让它变得过时、多余。
- 最后，顾名思义，它是一份庞大而详细的文件，因此经常被束之高阁，再也无人问津。

这并不是说传统的、功能齐全的计划模型一无是处，没有价值。它当然可以有价值，但是，除非你希望向金融机构争取更多的资金，否则它更适合亨利·明茨伯格在《战略规划的兴衰》一书中描述的"机械组织——一种典型的官僚机构"。

要想让商业计划真正发挥作用，你的重点就要放在：

- 为特定的个人和部门设定目标。
- 具体规定个人和部门应采取的行动。
- 提供一个愿景来激励和指导决策。

战略愿景和行动

公司愿景：软数据和硬数据

有些公司有书面的使命宣言和价值宣言。好的宣言包含了公司企盼的愿景、努力的方向、达成目标的方式以及公司的与众不同之处。糟糕的宣言就是胡言乱语，毫无意义。

真正重要的不是书面宣言，而是公司的愿景。企业家常常会把这一点铭记于心，作为鼓舞他们的动力。愿景囊括了企业的独特之处，能指导决策和行动。对于各种类型的企业来说，它都可能成为强大的管理激励因素，能够激励那些愿意理解和分享愿景并对此充满热情的员工。

顾客通常能感到那些受愿景驱动的产品或服务与其他同类产品或服务的不同，即便他们并没有读到具体的使命宣言。构成公司愿景的信息不是分析性的、数字化的或者硬数据。虽然硬数据（数字、统计、市场研究结果等）也有用，应该被收集并包含在内，但这些数据和软数据一样，解释起来容易出现偏差。愿景主要由软数据组成，并以它们为基础。软数据包括企业员工的观点、意见和看法，以及客户和供应商的感受。可以说，软数据比硬数据更可靠，而且商业计划应该尽可能地包含大量软数据。许多研究显示，最佳的战略管理决策通常是凭直觉制定的，而不是出于深思熟虑的分析，尽管分析肯定也起了作用。

清晰地陈述愿景、使命和价值观是公司与员工沟通的良好方式。如果员工理解公司的愿景，比如"优质的客户服务是公司的至上信念"，他们就能凭借这个愿景做出更好的决策。他们的行动方式将既符合公司的发展路线，又能推动公司达成目标。

客户章程也是如此，它不仅是在向客户传达信息，还是和员工沟通的方式。员工必须理解并专注于他们被赋予的任务（也要了解如何交付）。他们必须为之振奋，而不是把它看作一个每天传达10次的枯燥公式，毫不在乎。

马厄书店的客户章程

本店旨在用更好的选择、更优的价值和友好热情的员工，向客户提供优质服务。相较于其他本地书店，本店提供类别更丰富的图书。对于暂缺库存的图书，正常情况下，本店会在48小时内送达。本店的图书价格通常低于其他本地书店——如果本店图书价格高于其他书店，那么我们会退还差价。本店支持

> 无理由退换货。
>
> 马厄书店是一家关注客户所思所想的独立企业。如果您有任何建议或意见,请告诉经理或者写信给我们。

上述这份客户章程不仅是对客户的一系列承诺,还是对员工和合作伙伴的明确声明,告知他们身处的团队所致力的事情。每项承诺都非常具体,因此实现与否是一目了然的。这符合有意义的声明的两个基本标准:目标限定,这也是有价值的客户章程、使命宣言的重要特点;人们不可能在短时间内达成所有的事情。这份章程被陈列在公司的店铺里,主要用来与客户沟通,因此除了简单的服务理念,其中几乎没有关于公司整体愿景的内容,也没有员工与雇主之间的协议,更没有提及员工如何被赋能才能提供理想的优质服务。

怎样的内容可以构成有用的使命宣言或者公司愿景?苹果公司的愿景是"让电脑便于使用",这一点明显影响着该公司的所有决策,甚至影响了全世界的其他电脑制造商,尽管其他公司花了很多年才达到苹果公司的"简洁"和"便捷"水平。

麦当劳的汉堡连锁店并非总能达到它们统一的明亮、轻快和干净的环境要求,以及物美价廉、服务快速的目的,但是整个公司显然受这个理念的影响和指导。

然而，我们很难界定什么样的愿景是有效的，只能通过以下三个特点稍做判断：

- 简单明了。
- 目标限定。
- 具体而非笼统。

鉴于计划关乎行动和行为改变，因此，请注意计划过程中不同阶段的顺序或关联：

- 你的计划始于愿景——它可能是在整个团队的参与中得出的。
- 传达愿景，这样所有人才能勠力同心。
- 将愿景转化为具体目标和行动。
- 将目标变成业绩衡量、控制协调以及持续复盘的依据。

制定战略

很难描述如何制定战略，因为它完全不是一个机械的过程。尽管许多商业图书似乎都和制定战略有关，并提到了各式各样的方法，但这些书都没有真正告诉你如何获得想法。这么多年来，所有的书似乎都是纸上谈兵。

对某个人或组织行之有效的方法可能对其他人无效，而且时机不对，也可能影响效果。以下途径可能帮你获得想法：

- 带领一群高层管理人员去酒店过周末，这可能会激发辩论、刺激想法。
- 找一个老练的推动者帮助你协调讨论过程。
- 在日常工作场所举行一系列简短的内部会议有助于激发各种想法。
- 通过部门会议让更多的基层员工参与进来，从而挖掘到更多的技能和资源。

这些都是让组织内的一群人碰撞出思维火花的办法，那如何激发个人思考呢？对于小公司来说，可能只有一个人制定战略和进行规划。对这些人来说，刺激因素可能有：

- 参加课程（例如商学院的短期课程）。
- 找人谈话（咨询顾问、朋友和偶然认识的人，都可以激发思考）。
- 阅读商业书籍（即使你不同意一本书中的观点，也依然能受到启发）。

但是，你如何引导这些想法？正如我之前所说，结构化的规划过程会封闭思想，而不是激活思想。

练 习

- 通过向自己提出问题，获得观点并思考。
- 你所处的组织是什么样的？以英国机场管理局为例：它是从事运输业务还是零售业务？抑或两者都有？它可能是一个房地产开发商吗？仅仅思考这个问题就会引出其他问题，而这些问题反过来又会暗示一系列可能的策略。
- 你有什么技能和优势？它们能否为你找到新方向？
- 在你所处的市场或相关市场中，你可以观察到什么趋势？你能否预见可能带来机遇的隐约变化或突然变化？海外正在发生什么？你的竞争对手有什么创新的动向？
- 你能从客户的变化、法规的变化、技术的变化、成本结构的变化以及经济的变化中合理地预见哪些威胁？
- 想想你的客户，他们有哪些未被满足的需求，或者他们将来可能有哪些需求？

考虑和讨论一般问题的过程会激发一些想法，它们可以被融入更传统的规划过程。在生成想法的阶段，不要点评建议或批评提建议的人——无论他们看起来多么疯狂，否则会打击人们提出想法的积极性。请给自己定一个规矩，即只允许正面和鼓励性的回应。之后，可以设置一个质疑环节，这可能会筛掉一些想法。接下来，采纳一个想法并形成相应的实施计划，以检验其实用性。这样，许多想法会被抛弃，但新的战略会显现出来。永远不要因为某人提出了一个可笑的想法而贬低他，说不定他的下一个想法就是宝藏。

当你召集团队制定战略时，一定要确保这群人中有人具备和客户、供应商以及运营打交道的一线经验。这些问题太细节，以至于那些如今远离一线琐碎事务的财务人员和部门主管不知道如何处理，不论他们曾经拥有怎样的经验。关键洞察需要掌握有关细节的当前经验。当然，也要了解过去做过的尝试，清楚每个建议可能遇到的阻碍，即使拥有更多经验和权威的人也要如此。还要注意，并不能因为之前尝试过的办法没有用，就否定它现在的意义。

以行动为导向的计划

为了辅助管理企业而制订的商业计划必须导向行动。如果计划没有带来任何结果，它就毫无用处，在制订计划上所花费的时间也将付诸东流。因此，计划不应该只描绘宏观的战略和目标。你如何确保计划不会被束之高阁、堆积灰尘？以下四条准则可以促成有用的计划：

- 制定目标和战略。
- 让执行计划的员工参与进来，并得到他们对计划的承诺（参见"让员工参与其中——建立团队"部分）。
- 明确行动，定义责任。
- 每年至少回顾一次进展情况，并随时修改计划或处理没有达成个人目标的人员。

计划最终必须落实到一份书面文件上，并设定业务或者活动目标，说明为了达成这些目标或指标需要完成的工作。理想情况下，它还需要明确具体的执行人、任务和时间。生成计划的过程可能分为两个或多个阶段，在制定了宏观的目标和战略之后，你可能需要通过第二阶段来确定细节并明确具体的行动。如果宏观目标由组织的高层制定，那么具体的计划通常应该让低一级的人员参与进来。这些人将参与制定他们各自领域的目标，以便执行总体计划。

这种以行动为导向的计划的关键在于，行动必须具体且可衡量。你必须能够判断它们什么时候被完成，以及它们是否有效。如果行动被定义得太过模糊，你就无法判断它们何时完成。改善客户沟通并不是一个好目标，好的目标应该是通过每月 X 次拜访和 Y 次电话交谈来改善客户沟通，从而使业务量增加 Z%。然后是责任人机制，即由 J 负责实现这一目标，并对其进行监督，而老板或董事会或部门经理或 G 则负责在六个月内检查进展情况。

检查同样需要产出结果。它的结果很少是非黑即白的，并非所有事情都符合目标，什么也不需要做。更有可能的是，某些特定的行动没有被执行，或者某些行动没有取得成功。事实上，有些目标可能已经超额完成，你必须对此采取一些措施。检查应该形成以下结果：

- 找出没有采取行动的原因。
- 采取行动，确保任务及时完成。
- 设置修订后的目标、行动和时间。
- 适当时修改计划本身。

然而，有一些核心目标在本质上是难以衡量的。请看下面的案例，它摘自 Psion 软件公司制订的商业计划（注意 IIP 代表 Investors in People，它是一项由英国政府支持的人事标准）。

> 目标：改进沟通和培训
>
> 职责：……
>
> 上次修订时间：……
>
> 该目标将达成的结果：

- 我们将定期回顾需求并安排公司全体员工进行培训。
- 我们将评估我们的培训工作并对其进行持续改进。
- 我们将提升内部沟通水平。这对于驻外员工以及一些抱怨自己没有接触到……时代精神的人员尤为重要。而且，对于驻外国工作的员工来说，这种情况更严重。
- 我们将对我们作为……的前进方向达成共识，并且让每个人都清楚各自对达成目标应做的贡献。
- 公司将获得IIP认证，在以上方面达到英国的专业标准。这对当前和未来的员工或客户来说是具体而积极的，而且是一个可衡量的目标。

我们如何实现这一目标？

- 我们已经任命了一位IIP顾问……她将与我们的人事部门一起工作。
- 她首先会选几个员工代表进行访谈，由此商定一个行动计划，然后再做进一步调查，以检验改进的效果。当调查结果显示有适当的改善时，我们就会申请IIP认证。
- 我们将做更多工作以确保信息的传达。我们会通过团队简报和级联简报来检查信息是否得到了正确的传达，例如，更多的管理层走访和更多的倾听。我们会通过快速反馈来提高响应速度，即使反馈内容只是告知我们还没

> 有答案。
>
> **我们如何知道这个目标已经达成？**
> - 我们将获得 IIP 认证。

此处设定了一个可衡量的目标——获得 IIP 认证。不过，它也提到了改善沟通——人们如何知道这个目标已经达成？答案是使用员工态度调查。衡量这些软因素的其他方法有：离职面谈、小组讨论、外部咨询。只要你尽力，即使是难以定义的目标也能被衡量。

你的起点是哪里

请把商业计划想象成一段旅程的路线图。从你的出发点到目的地，沿路有许多困难。地形和天气代表了你所处的市场情况，它可能山路崎岖或连绵起伏，也可能有沼泽、河流。路上企图吃掉你的凶猛怪兽代表着竞争，它们可能会像真正的竞争对手一样，四处游移变化，让情况更为复杂。风暴、地震和洪水代表着不断变化的外部条件。在旅途中，你可能会遇到与你结盟的朋友，帮你渡过难关。他们或许会帮助你穿越峡谷，或许会向你提供渡河的船只。

在旅程的出发点，你的健康情况、灵敏度和力量，以及你随身携带的东西代表着你的技术和能力。因而，你能够躲避一些怪兽，用你携带的武器打倒别人，或者用携带的绳子攀爬悬崖峭壁。

根据这个比喻，对于那些声称自己太忙而无法抽出时间参与计划的人，我们可以做出回应：我们都很忙，我们都有太多的事情要做。但是，想想背着沉重的包袱（他们的工作量）在沼泽中挣扎的人，他们的负担是如此之重，以至于他们被压弯了腰，只能低着头在泥泞中蹒跚前行。他们如果想努力往上看，就可能不得不停下脚步，而且直起身体也会很吃力。然而，如果他们这样做了，他们可能会发现水牛群正朝着他们缓慢移动——很可能将他们踩成肉酱。或者他们会看到只有几步之遥的平坦道路，给他们的旅程带来信心。使用计划，就像是在旅途中使用路线图一样，能够让人找到方向。

商业计划的旅程和现实中的普通旅程有三个主要区别：

- 市场、竞争对手、技术、客户、政府规章等可能频繁发生重大变化，但大多数普通的旅程都是在固定不变的地形上进行的。
- 你在商店里买的路线图清晰易懂，而商业计划这份路线图却常常有不清晰之处。遗憾的是，在取得胜利之前，你无法预见所有的障碍物或敌人。

- 随着条件的变化以及你对情况的重新评估，你会制订不同版本的商业计划，因而你的目的地也会发生变化。

现在，你的出发点和你所拥有的技能已经明确，但这些事情很少像它们看起来那样明显。很少有商业计划会诚实地深入研究这些内容。现在很多计划都会使用 SWOT 分析，即列出优势、劣势、机会和威胁。然而，它的操作方式往往会浪费时间。在进行 SWOT 分析时，人们通常只是对计划"示以尊重"，陈述明显的事实。当人们把"市场引领者"或"最具创业精神的团队"写成他们的优势时，他们是否做到了诚实守信？有时他们会做到，但大多数情况下，他们是在试图自欺欺人或欺骗他们的上级。这一点可以从那些难以验证的模糊说法中清楚地看出来。

下面是 20 世纪 90 年代初一家零售连锁店写的优势和劣势声明。它有一些缺点，但总体还是不错的。

优势：

- 市场上领先的专业品牌。
- 虽然重心在伦敦，但在整个英国都有影响力。
- 在购书者中享有很高的知名度和美誉度。
- 在价格、促销和价值方面相对强势。
- 在主要目标群体中有很强的代表性。

- 有颇具吸引力且布局合理的店铺。
- 工作人员效率高，服务周到。
- 初具雏形的邮件列表和账户卡片系统。

劣势：

- 由于缺乏信息管理系统，无法评估全部营销业绩。
- 店铺的组合多样化，无法统一传达信息。
- 店铺风格可能过于朴素。
- 在员工态度和有效的销售信息方面还有待改善。
- 顾客群体过于混杂。

上面展示的声明诚实地涵盖了大部分的缺点。它的失败之处仅仅在于没有贯彻执行，即只在计划中提及了部分而非所有要点。评估优势、劣势、机会和威胁的意义在于，将它们作为处理这些问题的出发点。千万不要只是说明问题却不提及你要采取的措施，至少也要说这个问题相对较小，没有什么可以做的。同样，当提到优势时，你也要考虑如何更有效地利用这些优势。SWOT 分析并不仅仅是一种理论操作，它的目的是评估你的计划是否有成功的可能性，并且激发新的想法。SWOT 分析应该以行动为导向。

在开始制订内部商业计划时，你一定要写出所处市场及自身的优势和劣势。但是，你如何对自己所处的位置进行诚实的评估？请尽量使用可量化的陈述，例如，如果你写了你的主要竞争对手占有 60% 的市场份额，你就不可能声称自己在市场上处于领先地位。你可以声称自己有潜力成为某一特定细分市场的领导者，而且如果你定义了这个细分市场并提供一些证据来支持你的断言，你就可以避免自欺欺人并且确定战略中的一些要素。

这里介绍一个有用的技巧，即用表格对你自己与竞争对手及潜在竞争对手进行比较。例如：

	财务实力	产品范围	产品质量	服务
自己	B	A	B	A−
竞争对手 A	A	C−	B	A
竞争对手 B	C	C−	B	B

当然，你要清楚地知道哪些是最恰当的衡量标准，以及哪些标准真正重要。选择有意义的标准，忽略其他的。当你完成表格后，你会发现描述目前的情况变得更加得心应手。

另一个技巧是先看看别人看待你的方式。你可以借助外部顾问、参与项目的学生、团队的新成员的力量。你可以使用行业刊物评论或发送给客户的调查问卷。一些公司在自己的员工中进行商业环境调查，以检验员工士气并了解员工对公司的看法。这个做法只有在使用外部顾问的情况下才会成功，因为这样可以保证员工的匿名性。

如果不实事求是，那么你的计划将毫无用处：你设置的目标可能无法实现，而你的路线图的出发点可能有问题。旅程开始不久，你可能就会发现，那些你声称软弱无力的怪物会迎面将你击倒。

上文提到了计划与真实路线图的两个主要区别：情况总是在变化，并且存在不确定性。解决这些问题的方法只有两个：持续研究和保持灵活性。对于一个小公司来说，研究费用较高，只需持续关注行业刊物以及研究新闻的内涵。此外，获得竞争对手的产品目录并与客户讨论需求和愿望也相对便宜，而且有可能获得比昂贵的委托研究更有价值的信息。相比大公司，规模较小的公司应该更加灵活，而且能够更迅速地做出反应。但不要盲目自信，把这一切当作理所当然——也有一些可以灵活运作的大公司。

为人规划

让员工参与其中——建立团队

如果计划的目的是指导管理工作（甚至是筹集资金），那么需要：

- 让所有执行计划的人都拥有计划的所有权。如果人们不认可一个计划，那他们就不会为之付出努力。情况好的话，他们会默默接受，但缺乏热情；情况糟糕的话，他们会破坏计划。员工不会认可：

    ——上级强加给他们的计划；

    ——在制订过程中没有征求他们意见的计划；

    —— 他们对目标、实现目标的行动或任何事情持有异议的计划。

    但所有权意味着这是他们的计划，而所有权会带来……

- 承诺。他们想让计划成功，这将激发他们做以下事情的热情：

    ——勤奋工作，人们愿意付出努力实现难以达成的目标；

    ——反馈，管理层将从员工那里得到关于业务如何运作的宝贵信息；

    ——想法，人们会提出有助于实现计划的想法；

    ——顾客服务，有责任心的员工会提供更好的服务；

    ——沟通，当员工专注于手头工作时，他们与上级、下级、客户和供应商的沟通会得到改善。

通过员工创造未来

大多数商业计划会考虑技能和人力问题，这背后有充分的理由。对大多数公司来说，员工付出个人技能和积极的努力能够保证业务成功，这意味着你的计划必须考虑完成业务目标所需要的技能。为了获得这些技能，你有必要制订一个人力资源计划，以阐明你将如何招聘、培养以及留住合适的员工。不要忘记员工培养，因为它涉及几个重要的方面。人们加入和留在公司并不只是为了工资，还因为包括培训在内的工作经验会促进职业发展。员工培养有多种形式，但这并不意味着你要花钱进行培训，尽管培训也是一个合适的选择。

例如，技能发展的一个重要部分是让员工获得相关的工作经验。通过完成监督工作，以及接受企业内部人员的指导，可以培养指导技能。反过来，培养员工的指导技能也有直接的回报，这些员工将能够带动其他同事，而且能成为更好的管理者。还有很多方法可以实现组织外学习，例如允许员工灵活上下班或提供学习假期，或者为员工支付学费或远程学习的费用。根据组织的规模，也可以提供内部培训。

以逐个击破的方式来解决人力资源问题往往费力不讨好。例如，像其他领域一样，管理领域有时候也会有时兴的做法。目前时兴员工意见调查，那么人力资源总监或经理就可能提出把它当作一次前瞻性的尝试。我认为这只是一个工具而不是目的本身。

你应该退一步考虑，制定一个综合性人力资源战略，从整体上支持企业的战略。员工意见调查可以作为其中的一部分，但你不能因为觉得这个举措好就盲目使用：采纳某种做法的原则是它与宏观计划相契合并能促进业务目标的实现。

员工意见调查显示，个人发展机会是人们选择雇主以及决定是否留在公司的重要考量因素，因此，在这方面投资会有明确的回报。显然，不可避免地会有一些员工在给公司带来回报之前离开，但总的来说，好处是显而易见的。为员工提供职业发展路径并奖励那些提升自我价值的员工有助于留住员工。

商业计划不需要对员工逐个进行分析，但是应该清晰地列出整体需求、目标和实现这些目标的系统，以及预估成本。理想情况下，还应该提供一份利益说明。如果内部培训可以节省大量的招聘费用，何乐而不为呢？

实用性

制订和使用商业计划的建议

以下建议对制订内部商业计划有所帮助：

- 在开始制订任何计划之前，有关人员应该对所产生的文件面向的对象是谁、目的是什么（谁和为什么）达成一致。

- 计划应该清晰明了。它不需要成为文学杰作，也不需要内容详细、完美无瑕。

- 计划的制订必须有高层管理者的承诺、支持和参与。此外，根据公司的规模，计划过程至少应包括下一级管理者甚至下两级管理者，通常也要在一开始就让直接和客户进行日常接触的员工加入。

- 一旦制订了计划，就应该注明日期并迅速传达。它是一个时间快照，而组织和个人都在快速发展和变化。你没必要过于担心计划的变化不断，或者更糟糕的是，认为计划随时有变而推迟计划的传达。计划应被视为一个时间快照，是完成新任务和开启更多工作的一个起点。然而，许多人认为商业计划是一份有用的参考文件，而且应该保持不断更新。当然，这值得鼓励，但不应该强求，因为这取决于个人的风格。

- 应该从计划中提取出关键业务目标，并将其转化为短期行动计划，落实到组织的各个部门。

- 培训和发展计划应该根据这些关键业务目标制订。

- 应该考虑其他选择或者假设情况。计划只能包含少数几种情况，否则计划需要好几年才能制订出来。然而，这个方法会让计划变得灵活，并且让计划在假设情况发生时依然有效，而僵化的计划则无法做到。灵活的计划应该关注目标的设定，并大概描述达成目标的宏观策略。计划越详细，其中的细节就越容易过时，而目标的老化速度较慢。

- 当个人和组织都缺乏制订计划的实际经验时，请顾问参与其中可能有所帮助。然而，外部援助人员应该促成计划的生成而非撰写计划。管理者必须对计划有一种主人翁意识，从而对其做出承诺。如果计划由别人完成，那么它就是别人的计划，在出现问题的时候管理者就会推卸责任。
- 从计划中得出的关键业务目标和培训及发展目标应该被用于绩效管理或绩效评估。

适应实际

没错，结果并非总能顺着计划发展，但现实就是如此，事情很少如我们所愿。

在创办一家新的零售公司时，我的团队想到了很多有关员工培训和获取客户信息的好主意。根据丰富的行业经验，我们清楚这些都是好主意，它们将从根本上改善员工服务和客户满意度。然而，我们是第一次创业，没有意识到时间有限，而要做的事情太多，人会很累。许多好想法不得不等到下一个发展阶段再实施，我们希望那时候有更多的员工来分担工作。

我们学到两条重要经验，它们甚至适用于经验丰富的经理人：第一，有时你会弄错；第二，有效的商业计划面对的不是一成不变的世界。

撰写计划的人承认，计划必须对那些不切实际的目标做出调整，适应市场上的新产品或新竞争者。要想让计划有效，你就必须对其进行检查。计划的检查不能过于频繁，避免让相关人员对整个计划失去兴趣，但也要经常进行，以确保计划适宜。检查计划的适当时机视具体情况而定；新企业或处于快速变化的市场上的公司或大公司需要更频繁地检查计划，因为相比小公司，它们牵扯到的人更多，所以更难开展非正式的讨论和修改。

有些公司每年都要制订计划，通常将其作为预算过程的一部分。然而，你不可以将两者混为一谈。预算是短期规划，关乎设定财务目标和做出财务预测，以便人们掌控公司的发展。从根本上说，这个过程由数字驱动。内部商业计划关乎检查目标和实施战略，它们应该和想法有关，尽管数字也很重要，但它们是想法和战略的后续，用来展示计划的影响和结果。

当计划被作为一项年度杂务完成后，它通常会被束之高阁，或许在制订下一个计划时被草草瞥上一眼。这种情况下，计划成了总公司强加给管理层的机械任务，白白浪费时间。要想让计划有实际意义，公司就需要时常对其进行检查，而且要在常规月度报告中对照计划对进展做出评论。你的心里要时时刻刻装着计划，因为它让你清楚自己的目标及其达成方式。它应该是管理组织的一个必备部分。

检查计划可以采取以下步骤：

- 明确根据计划事情具体应该如何发展。
- 检查哪些方面出了问题（以及哪些方面进展顺利）。
- 思考事情为什么出错或者顺利。
- 思考可以做什么来应对失败并巩固成功。
- 查看你对未来的想法是否改变。
- 检查目标和策略是否仍然有效。
- 重新制定公司的目标和战略。
- 重新制定个人目标和时间安排。

和制订计划一样，执行计划的人要参与计划的检查并积极投入被分配的目标和行动。

即便情况有所变化，除非的确有必要，否则也不要频繁地更改最终目标。零售公司成立后不久，我们发现，一个我们原本不以为然的竞争者近三年来每年增长 50%。该竞争者发展势头强劲并且在证券交易所上市，准备为进一步发展筹集资金。它的发展会挤压我们的机会吗？幸运的是，该竞争者所采取的相似战略恰恰验证了我们的发展模式，并证明了我们所追求的目标的可行性。

因此，即使是坏消息也未必需要你颠覆原有计划。

公司制度的不利影响

阻碍公司成功的一个主要原因是内部竞争和冲突。这既可能发生在非常小的组织，也可能发生在大企业。只需要两个人就能开启一场争论，尤其是当资源有限，你不得不为自己争取时。因此，在医院、研究机构和大学看到这种趋势不足为奇。如果组织内部形成了等级文化，这种情况也会发生，部门的"长老"会为权力和影响而战，或者从长远来看，为职业发展而战。在20世纪80年代，许多商业银行因这类文化冲突而四分五裂，它们无暇顾及实际业务。可以说，正是这种企业文化导致某些组织无法获得成功和实现盈利。

这里不是详细讨论内部政治这个复杂问题的地方。这属于组织文化问题，改变它需要时间，而且可能很难做到。

组织文化必须将组织的整体目标而不是某个部门的目标放在首要位置。这也是制定愿景的好处之一，它能团结和激励所有员工。这必须要有来自高层的支持。这是文化变革的一个必要条件，但不是充分条件。如果没有领导层的支持，你将一事无成，但即使是优秀的领导也很难改变组织文化——大公司更是如此。

但我们必须考虑公司政治对商业计划的影响。主要的影响是：

- 回避问题。
- 破坏计划。
- 承诺满足领导者的需求。

> 一家大型的美国跨国公司 A 正面临着严重的战略问题。该公司在技术主导的市场上位居全球第二,但远远落后于第一名,它的规模与第一名几乎相差三倍,且利润也低得多。此外,该公司还有一个更专业的竞争对手,几年前才异军突起,而且发展非常迅速。其规模目前占到该公司的 2/3,并在最有利可图的细分市场上占据了主导地位。相比之下,A 公司的发展停滞不前,拥有的技术也在迅速过时。这一切的主要原因是其美国母公司多年来将它视为现金来源,对它投资不足。
>
> 面对巨大的问题,A 公司英国市场的负责人乔决定制订一份战略计划,这也符合达到 IIP 标准的目标。然而,他坚持让各个地区的分部和总部制订各自的计划,以支持公司的整体计划。他们聘请了一位顾问进行整合,但乔并不接受顾问提出的疑问或问题,只是让他提供一些指导性建议。
>
> 结果是,没有计划经验的人制订出一系列互不相干的计划,根本没有解决公司或各部门的关键问题。

这种破坏并不是简单的问题，而是某个或某几个人为了自己的目的蓄意误导计划过程。破坏会通过以下方式发生：(1) 让计划过程难以产生任何结果，一个关键人物可能会缺席会议，要求进一步研究特定问题，拒绝合作；(2) 误导方向，某几个人可能试图通过争取利益来提升自己的地位，而不顾企业利益。

唯一的解决办法是使用权力清除阻挠者，责成关键人物配合，并在必要时对他们进行惩戒。

向领导者承诺他们想要的东西也许是对计划过程最具破坏力的障碍。前面提到的其他政治问题可以通过强有力的领导来克服，但如果公司的领导者自欺欺人，就没有希望了。

上市公司 X 遇到了财务问题，而且承受着来自法人股东的压力，因此它聘请了顾问并从公司外部聘任了一位新的首席执行官。这个首席执行官名叫泰德，自认为深谙营销之道。他要求一家子公司的董事会想办法增加 1000 万英镑的销售额，因为他认为相比投入的成本，销售额和利润太低了。

虽然我也认为管理者应该时不时地接受一些挑战，进行彻底的思考并且复盘整体的问题处理方式，但泰德提出的要求得到了一个简单的答复。营销总监草拟了一个计划，提议增加广告支出，以达到销售额增长的目标——这相当简单。在其他情

> 况下，首席执行官可能会质疑这个计划并要求证明高支出如何保证更高的销售额。然而，泰德迫于压力，想要展示他有所作为。或许他心有余而力不足，急于寻找可行的办法。于是，支出得到批准，预算做了修改……但销售额并没有增长。提出这个计划的营销总监大概也对此感到意外。

我们如何应对内部制度的不利影响？成功的组织会像团队一样运作，它们关注如何达成组织的整体目标。要想避免局部冲突，必须改变组织的不良风气。简单且立竿见影的答案是：

- 只有高层管理者对计划的过程和结果都做出承诺和付出，计划才能被恰当执行。
- 营造敢于质疑和挑战结果的氛围，这样达成的结果才有意义。
- 计划的目的并不是形成策略，而是执行策略。

> 我曾参与过一家大型上市公司的计划过程，当时这家公司刚刚经历了一次创伤性的冲击。它通过激烈的竞标过程接管了另一家公司，导致许多人失去了工作或职务，本公司中也有许

多人受到影响。

　　整个计划过程问题重重。首先，计划成了预算的后续：它的目的不是获得新的想法或进行沟通，它只是在努力将预算延长三年。然而，最不寻常的是，部门计划的标准极低，却没有受到任何质疑或挑战。公司董事长解释说，向董事提问太敏感了，特别是考虑到最近的收购。尽管公司邀请我就每个计划写一份说明，供董事长和每个部门主管在非正式谈话中用作简报。但我不确定它们是否被使用过。

　　这些计划从未被改进或重新考虑，就这样，在很短的时间内，该公司就破产了。一个更好的计划过程能避免灾难吗？也许不能。但是，回避难题和将计划纳入政治程序的态度说明该公司存在更深层次的弊病，即试图避免令人不舒服的想法。这种做法让计划过程沦为形式，浪费了本可以得到更好利用的宝贵时间。

要点总结

- 商业计划不是预算。计划关乎想法、战略和方向，而预算关乎数字、目标和细节。
- 良好的商业计划包括诸如愿景、价值和见解等软信息。
- 计划必须指导行动：你（和其他人）要做什么？

还有两点：

- 现实情况和计划不同，你要根据具体情况调整计划。
- 为了避免内部政治，计划过程必须由上至下发起，绝不容许利益团体。

| 第十五章 |

竞标业务

商业计划书通常被用于合同招标、融资招标和不动产招标。计划书的接收者或许是政府部门、土地所有者、大公司的采购部门。这种计划书的格式和其他计划书基本一致，因为你仍然在讲述你的企业故事，描述企业情况以及能够带给对方的好处。然而，两者也有一些重要区别。

这类计划书更加简短且专注于特定的问题。撰写这类计划书通常是出于对《招标邀请函》的答复。读者可能希望了解你们公司的背景，尤其是希望你们回答特定的问题。他们手头可能有很多类似的文件要读，因此期望收到的文件都能简明扼要。所以你不要长篇大论地写一些和读者无关的信息。例如，他们可能非常了解市场，所以你的计划书只需包含一些不同的见解或者能够展示你的专业性的新数据。你如果具备比竞争对手更高效的运营能力，就一定要在计划书中展现出来。例如，你可以通过支付与销售额相关的租金而创造更高的销售额。

在答复招标文件时，你或许会收到给定模板。这有助于接收人对比不同的商业计划书。即便他们没有指定具体格式，他们也可能在《招标邀请函》中提出了一些希望你解答的问题：认真阅读他们的文件，确保你回答了所有问题。

> 堡垒是一个城市里的大型艺术中心，同时经营剧院、音乐厅、美术馆和电影院。它正在为礼品店寻找新的经营者。它当然希望赚的钱越多越好，但完全没有在目标中提到钱，而是写道：
> - 创建体现该中心活动和艺术形式的零售店。
> - 创建零售店，满足该中心所有顾客和驻场组织的需求。
> - 提供优惠的价格和清晰的营销计划。

通常，与招标公司的关键员工建立融洽的关系非常重要，以便：

- 了解他们真正的优先事项。
- 了解谁有权推荐胜出者以及他们关注的重点。
- 找出那些你应该知道但并没有在招标文件中说明的情况。

如上所述，招标公司可能有一些非财务要求。你的计划书必须在一开始就清楚地解决这些问题。

堡垒的招标文件包含以下陈述：

- 根据资金投入规模，合同期为3年或5年，你的提案要接受这两种选择。
- 你需要提供最低保证租金。
- 标书应该说明零售运营商的变化对该中心有哪些好处。
- 说明股权份额的细节。

撰写这个商业计划书的难点在于，确保在清晰说明这些问题的同时，故事依然流畅。解决办法是按照讲故事的方式写计划书，然后对照简报文件提出的关键要点以及你在沟通中了解到的其他信息检查计划书。仔细考虑那些《招标邀请函》中没有说明但你能提供的东西，以便你的标书能与众不同、脱颖而出。

一家公司正在为拓展业务寻找零售地点，并为此制作了一份印刷专业的公司介绍文件。零售店的房东通常希望租户能在格调和设计上让人耳目一新。品味或许抵不过高额或稳定的租金，但在其他条件相同的情况下，它可能会产生影响。虽然精雕细琢的文字很重要，但文件中的彩色照片和引人注目的设计

> 更强烈地传达了该公司的精神和魅力。这肯定会让人印象深刻，并且帮助该公司获得可能落入他人之手的经营场地。

尽管你可能不会立即将上述内容和商业计划书联系起来，但这些想法几乎都直接来自该公司的商业计划书——只是省略了数据。

要点总结

- 挖掘潜在商业伙伴的需求。
- 把文件的重点放在这些需求上。
- 删去不相关的细节。

附 录

附录1 保密函

该信函仅作示范，不一定满足读者的实际需求，而且可能无法强制执行。对于使用该保密函的人，作者不承担任何责任。如果读者有写保密函的需求，请咨询专业人士。

尊敬的先生/女士：

即将寄送给您的这份信息备忘录中所包含的信息（以下简称"信息"）属于约翰·史密斯的财产并具有商业价值。签署此信函，×××即承认该陈述并承诺：

- 不会出于商业目的使用该信息。在本函发出后的12个月内，不在同一行业建立或收购业务，或与约翰·史密斯的任何员工、客户或供应商接触或进行商业谈判。
- 对该信息保密。采取一切合理措施，避免直接或间接向任何人披露全部或部分信息，除非其员工和专业顾问为完成对约翰·史密斯的收购而需要知悉相关信息。×××承诺只有在其员工或专业顾问按照与本信函相同的条款向约翰·史密斯做出承诺后，才会向其披露全部或部分信息。

- 未经允许不得复制该信息，并应约翰·史密斯的要求归还文件和销毁任何副本或摘要。

签署人承认，对于任何违反本承诺的行为，恰当的追索权除了损害赔偿，还包括申请强制令。

对于由×××本身或其任何雇员或专业顾问违反本承诺所引起的任何诉讼、赔款、成本、支出、责任、损失或罚款，×××应给予约翰·史密斯赔偿。

本函的条款不适用于已经进入公共领域的信息，因违反本承诺导致的信息泄露除外。

签署人同意，本承诺受英国法律管辖。

您忠实的，
约翰·史密斯
日期：
签署人
吉姆·琼斯代表×××
日期：

附录2　调节利润和现金流

附表1展示了一家业务简单的公司如何平衡利润和现金流。不习惯看现金流的人可能会对大量的数字望而生畏,让我解释一下……

表格的前12列表示这家公司该财年每个月的现金流——恰巧从1月到12月。实际上,企业的财年有各种各样的构成方式,可以在任何一个月份结束。第13列是所有月份的总和,展示一年的现金流。接下来的一列展示利润以供比较,最后一列展示年度现金流栏和利润栏的差别。

第一个问题:现金流栏和利润栏显示的销售额为什么不同?这是由赊购造成的,某个月达成的销售额实际上包含提前为下个月支付的费用。同样,供应商也可能在下个月才收到付款,所以这里存在差异。这两个差异显示在企业资产负债表"营运资金"一栏下的应收账款和应付账款条目中。我对这个业务进行了简化——本年度库存水平没有变化，不动产、员工成本或其他成本也没有时间差异。但在现实情况中，这些差异都会体现在营运资金的变化上。

表格底部的条目包括对新电脑的投资、买电脑所用的借款以及支付的税费。前两项虽然是真实的现金花费，但不会展示在利润表中，因为它们属于企业固定资产和融资，而非利润。第三项税费，通常会被展示在利润表中。但为了尽量简化表格，避免引起误解，我没有那么做。我删掉了税前的损益情况，因为税费通常是根据前一年的利润缴纳的，所以利润表的税费项目和现金流量表的税费项目之间会有差异。

但是，让我们把这两个"年度"栏调节一下：

利润	112
加上折旧	84
	196
调整资产和融资	−60
	136
调整营运资金	−8
	128

这个调整后的总额是128，但现金流一栏显示的总和是127，

这是为什么？答案是，除非你保留小数点后的几位数，否则经常会有化整误差。我认为过度追求表面上的精确没有用，不如保留化整误差。太多的数字会造成混乱而不是带来启发，它们只会呈现一个虚假的精确水平，而实际上却难以达到。

附表 1

现金交易	1月	2月	3月	4月	5月	6月	7月	8月	9月	10月	11月	12月	年度	利润	现金流和利润差
销售额	70	65	75	80	80	70	85	85	95	110	125	175	1 115	1 130	15
销售成本	-79	-32	-29	-34	-36	-36	-32	-38	-38	-43	-50	-56	-502	509	-7
毛利润														45%	
														622	
员工成本	-140	-140	-140	-140	-140	-140	-140	-140	-140	-140	-140	-14	-170	170	0
不动产成本	-70	-70	-280	-70	-70	-280	-70	-70	-280	-70	-70	-280	-170	170	0
其他支出	-60	-60	-60	-60	-60	-60	-60	-60	-60	-60	-60	-60	-68	68	0
利息支付			-4			-7			-6			-2	-19	19	0
其他现金流产生的现金	-36	7	-6	19	17	-21	27	20	3	40	49	69	187	426	
新电脑投资							-40						-40		
新电脑借款								30					30		
税费						-50	-13	50	3	40	49	69	-50		
总现金	-36	7	-6	19	17	-71	-13	50	3	40	49	69	127		
折旧														84	
税前利润														112	

附录 3 现金流预测

这里有两个重大秘密：第一，现金流预测并不难；第二，不用非得请执业会计师来完成。看吧，秘密公开了。

如果你的企业现金流短缺或者处境艰难，现金流预测就尤为重要。因为如果你没钱付给供应商、纳税或者给员工发工资，即便这种情况仅仅持续几天，也会造成严重的后果。你或许无法继续交易，你的供应商也许会拒绝向你供货或者撤销赊账，水电可能被切断，法警可能会没收你的货物，银行可能会回收你的信用额度，最坏的情况是，你的企业可能被宣布破产。

如果你想完成现金流预测，下文描述了方法。最简单的方法是使用电子表格，但你也完全可以用计算器和铅笔在纸上写写画画。铅笔比钢笔好用，因为预测一定会有需要改动和涂抹的地方。

你需要什么

你需要:一份严谨的销售预测;债务明细,过去一年的银行对账单;记账系统中的明细,包括应予支付的发票和支付时间,以及客户应向你支付的款项和支付时间;截至昨晚的银行余额。

关于预测,你需要做到尽量准确:你将达成怎样的销售额?何时达成?何时获利?谨慎些,但也不要过分谨慎。如果企业只能预测到最坏的情况,那么大多数企业早就破产了。

请谨慎审视那些应付给你的款项,也要考虑未解决的纠纷和任何延迟付款的客户。如果你是一个零售商,请记住,信用卡公司会在销售达成后几天内将钱存入你的银行账户,并扣除佣金。

你的银行对账单会告诉你什么时候需要支付常规订单和直接扣款,以及它们的数额。不要忘了银行利息或费用等项目。

现金流预测是什么样的

预测包括两个部分:现金流入和现金流出(用负数表示)。例如:

附表 2

	周期 1	周期 2	周期 3
销售额	10	20	30
成本	-5	-25	-15
净流入/流出	5	-5	15

（续表）

	周期 1	周期 2	周期 3
期初结余	5	10	5
期末结余	10	15	20

现金流的计算周期可以是一年、一个季度、一个月甚至一天。为什么你需要预测每日现金流？如果你超出透支限额，即使是很小的数额，银行也可能拒绝兑现你的付款。而这种情况一旦发生，就可能导致银行重新审核并考虑你的信用额度。如果你在下周中期缺现金流，那么即便你在下个月末或下周末会有大量的现金入账也没有用。事实上，如果你能说服银行临时提高你的信用额度，可能会有好处……这恰恰反映了现金流预测的重要性。

我只展示了一条销售线和一条成本线。这是一个简化说明，你应该补充更多细节。细节的多少取决于你的业务复杂程度以及你需要的精确度。我总是把成本分成几类，并且一般按供应商顺序显示。不要忘记税费、专业费用、水电费、订阅费和运输费。不同企业看重的东西不同。如果一页电子表格放不下长长的清单，那么你可以把它们放在另一个电子表格上，然后把周期总数转移到主要的汇总电子表格中。同样的做法也适用于销售额预测。这样，你可能会得到附表3：

附表 3

	周期 1	周期 2	周期 3
销售额			
客户 1	10	10	10
客户 2	0	10	10
客户 3	5	0	10
总计	15	20	30
成本			
库存买进	−3	−5	−7
工资等	−5	−5	−5
固定资产成本		−10	
管理成本	−2	−3	−3
增值税和其他税费		−2	
总计	−10	−25	−15
净流入／流出	5	−5	15
期初结余	5	10	5
期末结余	10	5	20

销售额预测

现金流预测的主要驱动力是销售额预测，你可以根据预期付款时间对其进行调整。你或许可以进行 30 天、60 天甚至 90 天的赊销，如果想要早点拿到现金，你就使用保理服务。你还必须考虑到坏账和信用保险。在将销售额预测转换为现金流预测的过程中，所有这些细节都必须加以考虑。记住，你可以给不同的客户不同的信贷条件。这似乎很复杂,但实际上,这只是一个规范问题——列出客户以及和他们相关的不同销售额预测及支付条款。将一个客户的这些内容转换为另一个客户的并不困难,难的是最初的销售额预测。

为了进行说明,我展示了一个在次月月初付款的30天账目(见附表4)。最保险的做法是,假设你会按时支付账单,而你的客户会晚几天付款。相信我,总会有人延迟付款。

附表4

	周期1	周期2	周期3	周期4	周期5
销售额					
客户A	10	10	5	10	20
客户B	15	15	20	20	20
客户C	20	10	20	25	25
总计	45	35	45	55	65
现金					
客户A(30天)		10	10	5	10
客户B(60天)				15	20
客户C(90天)			15	20	10
总计	0	10	25	40	40

检查预测

你如何检查你的预测?也许你漏掉了一些重要的内容,比如你忘了或者从未想到过某项成本。

看看过去的管理账目和预算：相比之下，成本分类是否合理？计算一下关键比率，如果工资成本一直占销售额的33%左右，而你的预测结果是25%，那么也许你在这里出错了。

我可以做什么

假设预测显示某个时期的银行结余是透支35 000英镑，但你的信贷额度只有30 000英镑。

首先，重新检查你的假设。如果你做了一些粗略的估计，那就仔细看看细节并试着完善数据。假定这不会造成任何影响，但你要铭记现金流预测是计划书的重要组成部分。你将在计划书中谈及业务的关键驱动因素和风险。如果现金流预测显示你需要更多资金，那你要么计划筹集更多资金，要么改变计划，以便能够用现有资源维持企业生存。